Jochen König

Fritzi und ich

W0346207

Jochen König

Fritzi und ich

Von der Angst eines Vaters, keine gute Mutter zu sein

HERDER

FREIBURG · BASEL · WIEN

FSC
www.fsc.org
MIX
Papier aus verantwortungsvollen Quellen
FSC® C106847

© Verlag Herder GmbH, Freiburg im Breisgau 2013
Alle Rechte vorbehalten
www.herder.de

Umschlaggestaltung: Designbüro Gestaltungssaal
Umschlagmotiv: © Designbüro Gestaltungssaal

Satz: Barbara Herrmann, Freiburg
Herstellung: fgb · freiburger graphische betriebe
www.fgb.de

Printed in Germany

ISBN 978-3-451-30679-2

VOR DER GEBURT

Zellhaufen

Die Geschichte beginnt im Jahr 2008. Ich bin 27 Jahre alt. Fritzis Mutter, die zu diesem Zeitpunkt noch nicht Fritzis Mutter ist, liegt am Morgen mit weit aufgerissenen Augen neben mir im Bett. Da sind zwei Streifen, sagt sie. Ich bin am Tag zuvor aus der Ukraine zurückgekommen. Schwarzes Meer. Krim. Odessa. Alleine. Sommer. Wir haben uns gefreut, uns wiederzusehen. Wir haben Bier getrunken, bei mir. In meiner WG. Und sind dann zusammen eingeschlafen. Ich bin sofort hellwach. Ich weiß, was das bedeutet.

In zwei Tagen wollen wir nach Frankreich fahren. Mein Bruder, Eva, Moritz, Fritzis Mutter, die zu diesem Zeitpunkt noch nicht Fritzis Mutter ist, und ich. Zu fünft mit dem Auto für knapp zwei Wochen an die französische Atlantikküste. Jetzt diese beiden Streifen, auf dem Schwangerschaftstest aus der Apotheke. Wie zuverlässig sind solche Tests? Wir fahren zusammen zur Frauenärztin. Wir sprechen kaum miteinander. Entweder, der Spuk ist gleich vorbei und wir können im Nachhinein darüber lachen. Über diesen aufregenden Sommertag mit einem fehlerhaften Schwangerschaftstest und über die Stunden, in denen wir dachten, wir müssten uns ernsthaft mit der Möglichkeit auseinandersetzen, ein gemeinsames Kind zu bekommen. Oder wir müssen uns wirklich ernsthaft mit der Möglichkeit auseinandersetzen, ein gemeinsames Kind zu bekommen. Wir warten einen Moment im Wartezimmer. Dann warte ich alleine. Es kommt mir vor wie eine Ewigkeit.

Schließlich kommt Fritzis Mutter, die wohl in diesem Moment zum ersten Mal konkreter anfängt darüber nachzudenken, Fritzis Mutter werden zu können, aus dem Behandlungszimmer. Ich sehe an ihrem Blick, dass die zwei Streifen am Morgen aus gutem Grund auf dem Schwangerschaftstest erschienen sind. Die Ärztin hat in ihrer Gebärmutter etwas gefunden. Einen Zellhaufen, der es sich in ihr gemütlich gemacht hat. Später, als sie schon Fritzis Mutter ist, wird sie sagen, dass sie in meinem Blick ein geheimes Lächeln über diese Nachricht erkannt haben will. Wir spazieren zusammen von der Frauenärztin zu mir nach Hause. Jetzt reden wir viel. Wir wollen beide Kinder haben. Irgendwann. Aber jetzt? Wir miteinander? Wie könnte ein Leben mit Kind für uns aussehen? Der Zellhaufen ist noch sehr klein. Fünfte oder sechste Schwangerschaftswoche. Das bedeutet, wir haben genügend Zeit, uns Gedanken zu machen. Wir können in Ruhe in den Urlaub fahren und haben dann immer noch die Möglichkeit eines medikamentösen Schwangerschaftsabbruchs.

Wir kommen in meiner WG an. Im Wohnzimmer sitzen zwei meiner Mitbewohnerinnen. Selten gibt es so spannende Neuigkeiten zu berichten. Wir erzählen es ihnen sofort. Lisa sagt später, dass ich in diesen Momenten ein immer wiederkehrendes Grinsen nicht verbergen konnte. Und was macht ihr jetzt? Keine Ahnung. Wir überlegen es uns in Ruhe. Erst einmal machen wir einen Termin zu einer Schwangerschaftskonfliktberatung am nächsten Tag. Um einen Beratungsschein zu bekommen. Um einen Abbruch straffrei durchführen lassen zu können. Außerdem kann eine sozialpädagogische Beratung in unserem Fall ja nicht schaden. Wir gehen zusammen zu dem Gespräch. Es wird immer deutlicher, dass ich es mir schon ganz gut vorstellen könnte, zusammen dieses Kind zu bekommen. Fritzis Mutter ist sich noch nicht so sicher, ob sie wirklich Fritzis Mutter werden möchte. Ich sage immer wieder, dass ich ihre Argumente und Bedenken gut verstehen kann und sie auch unterstütze, wenn wir uns für einen Abbruch entscheiden. Wenn sie sich für einen Abbruch entscheidet. Es ist klar, dass die Entscheidung letztendlich ihre Entscheidung sein wird. Ich kann meine Position deutlich machen und mit ihr überlegen, wie es mit oder ohne Kind weitergehen kann. Ich kann mit ihr zum Schwangerschaftsabbruch gehen. Oder ein paar Monate später zur Geburt. Wenn ich schwanger wäre, würden wir das Kind wahrscheinlich bekommen, sagen wir. Wir haben Angst, unsere ganzen Freiheiten aufzugeben. Die Schwangerschaft bedeutet für die Schwangere neun Monate lang die Aufgabe vieler Freiheiten. Auf Alkohol und Rauchen komplett verzichten, dadurch auch nur sehr eingeschränkt Partys feiern. In den letzten Monaten wird sogar einfaches Laufen und Treppensteigen durch den Schwangerschaftsbauch zu einer Herausforderung. Und danach geht es mit der Geburt des Kindes erst richtig los.

Wir gehen mit dem Beratungsschein wieder nach Hause. Tasche packen. Urlaub vorbereiten. Am nächsten Tag fahren wir mit dem Zug zu meinen Eltern nach Hessen. Von dort weiter mit dem Auto meines Vaters nach Frankreich.

Das Wetter ist toll, wir liegen am Strand. Jeden Tag. Wir reden immer wieder über unsere Zukunft. Im nächsten Jahr wollten wir eigentlich einen Monat durch die USA reisen. Darauf müssten wir mit Baby wohl erst einmal verzichten. Es ist nicht der perfekte Zeitpunkt, ein Baby zu bekommen. Fritzis Mutter steht kurz vor dem Abschluss ihres Studiums. Sie möchte arbeiten gehen. Karriere machen. Und nicht einfach nur Fritzis Mutter sein. Ich habe mein Studium vor zwei Jahren abgeschlossen, arbeite mittlerweile seit einiger Zeit als Sozialpädagoge und kann mir gut vorstellen, mit dem Baby zu Hause zu bleiben. Ich kann mir vorstellen, ein Jahr in Elternzeit zu gehen. Wahrscheinlich gibt es keinen perfekten Zeitpunkt, ein Baby zu bekommen. Vieles passt bei uns gerade dennoch ganz gut, vor allem unsere Vorstellung über die Aufgabenverteilung. Wir entscheiden uns dafür, das Baby zu bekommen. Mit unseren Mitreisenden trinken wir eine Flasche alkoholfreien Sekt. In der Nacht blitzt und donnert es. Es stürmt und regnet. Wir flüchten aus dem Zelt ins Auto. Am nächsten Morgen scheint wieder die Sonne. Und wir genießen weiter unseren Urlaub.

Auf dem Rückweg machen wir wieder kurz Halt in Hessen. Nachdem wir die ganze Nacht auf der Autobahn verbracht haben, frühstücken wir bei meinen Eltern. Mein Bruder, Eva, Moritz, Fritzis Mutter, ich und meine Eltern sitzen zusammen am Tisch. Ihr werdet Großeltern, sage ich. Wir erzählen von den zwei Streifen und den Gedanken, die wir uns in den letzten Tagen gemacht haben. Ich sehe ein paar Tränchen bei den zukünftigen Großeltern. Gepäck aus dem Auto auf unsere Schultern. Mit dem Zug zurück nach Berlin.

Feindiagnostik

Nach der Entscheidung, das Kind zu bekommen, verändert sich in unserem Alltag erst einmal nicht viel. Zwei kleine Vorteile bietet die Schwangerschaft dann aber doch von Beginn an. Fritzis Mutter, der zu diesem Zeitpunkt noch nicht anzusehen ist, dass sie Fritzis Mutter werden wird, bekommt ihre Tage nicht mehr. Und auch nicht die damit zusammenhängenden Schmerzen. Außerdem müssen wir uns vorerst keine Gedanken mehr über Verhütung machen. Genau auf diesem Gebiet waren wir zuvor ja grandios gescheitert, wodurch diese Geschichte überhaupt erst ihren Lauf nehmen konnte.

Als ich Fritzis Mutter kennenlernte, also zu einer Zeit, als Fritzi noch lange kein Thema zwischen uns war, kam die Pille für uns als Verhütungsmittel nicht infrage. Als wir uns kennenlernten war klar, dass das Verhütungsmittel unserer Wahl nicht nur eine Schwangerschaft verhindern müsste, sondern auch die Übertragung von Krankheiten. Sex also nur mit Kondom. Darüber hinaus hatte Fritzis Mutter keine guten Erfahrungen mit der Pille gemacht. Schlechte Laune. Weniger Lust auf Sex. Persönlichkeitsveränderungen. Sicherlich hat die Pille vielen Frauen zu einem völlig neuen, freieren Umgang mit ihrer Sexualität – befreit von der Angst, schwanger werden zu können – verholfen; ich kann dennoch keine Frau guten Gewissens dazu ermutigen, ihren Körper mit Hormonen vollzupumpen, nur um mit mir Sex haben zu können, ohne davon schwanger zu werden. Vielmehr ist Verhütung mindestens zur Hälfte auch meine Aufgabe und ich habe nicht vor, meine Hälfte der Verantwortung dafür an die jeweilige Frau abzugeben. Es scheint für die forschenden Pharmaunternehmen nicht lukrativ zu sein, eine Pille für den Mann zu entwickeln, denn die wenigsten Männer wären wohl bereit, durch die Einnahme von Hormonen (mit den damit zusammenhängenden psychischen und körperlichen Veränderungen) Schwangerschaften zu verhindern.

Irgendwann, mit zunehmender Dauer unserer Beziehung und zunehmendem Vertrauen, begannen Fritzis Mutter und ich mit verschiedenen alternativen Verhütungsmethoden zu experimentieren. Dabei waren wir zwar nicht völlig naiv und leichtsinnig, aber wohl zumindest etwas fahrlässig. Herausgekommen sind die bereits erwähnten zwei Streifen auf dem Schwangerschaftstest und der Zellhaufen auf dem Ultraschallfoto der Frauenärztin. Diese ist als Fotografin nicht sehr engagiert. Lediglich zu Beginn der Schwangerschaft bekommen wir von ihr ein Ultraschallfoto dieses kleinen Zellhaufens mit nach Hause. Ansonsten weigert sie sich standhaft, uns weitere Fotos auszudrucken. Dabei müssen wir unseren Freundinnen, Freunden und Eltern doch irgendetwas zeigen! Die Frauenärztin sagt, wir sollen zur Feindiagnostik gehen. Dort würden wir tolle Fotos bekommen. In Berlin werde die Untersuchung generell verschrieben und damit von den Krankenkassen bezahlt, sagt sie, in anderen Bundesländern gebe es die Überweisung nur bei Komplikationen oder bei einem Verdacht auf eine Behinderung des Kindes. Wir fahren zu einer Praxis in der Friedrichstraße. Schon in der Praxis der Frauenärztin bei uns im Kiez waren wir immer einigen anderen schwangeren Frauen begegnet; hier in der Praxis für pränatale Diagnostik sind alle schwanger. Also zumindest fast alle. Bei der Frauenärztin waren alle schwangeren Frauen alleine, hier sind auch einige Männer dabei. Alle schwangeren Frauen sind hier in Begleitung, es sind jedoch nicht immer die Männer. Viele der schwangeren Frauen sind mit ihren Müttern hier. Die Praxis ist nobel eingerichtet. Leder. Dunkles Holz. Wir werden ins Behandlungszimmer geführt. An der Wand hängt ein riesiger Flachbildschirm. Auf dem Bildschirm sehen wir während der Untersuchung die Ultraschallbilder. Wir sehen alles. Wir sehen alles riesengroß. Wir sehen die Füße. Sie füllen den ganzen Bildschirm aus, in Wirklichkeit sind sie winzig klein. Auf dem Bildschirm hat dieses im Fruchtwasser schwimmende Etwas Schuhgröße 52. Die Ärztin fragt uns, ob wir das Geschlecht wissen wollen. Wir wollen das Geschlecht wissen. Es gibt auch gute Gründe dafür, das Geschlecht bis zu Geburt nicht wissen zu wollen, geschlechtsspezifische Erziehung beginnt schon vor der Geburt. Wir sind trotzdem neugierig. Das sind die Schamlippen, sagt die Ärztin. Riesige Schamlippen. Sie füllen den ganzen Bildschirm aus. Wir bekommen ein Mädchen. Eigentlich ist uns das Geschlecht egal, aber ich freue mich, dass wir ein Mädchen bekommen.

Wir können uns nicht beherrschen und erzählen allen, dass wir ein Mädchen bekommen. Trotzdem wollen wir auf keinen Fall ein rosa Kinderzimmer. Auf keinen Fall rosa Kleidung. Die Schwester der Mitbewohnerin von Fritzis Mutter dachte auch während der gesamten Schwangerschaft, sie bekomme ein Mädchen. Dann wurde es doch ein Junge. Sie hat viel in Rosa abzugeben. Wir wollen nichts davon. Meine Tante denkt sich, wenn ihr kein Rosa wollt, dann eben Pink. Die Hälfte der Kleidung, die wir bekommen, wird sofort aussortiert.

Am Anfang der Schwangerschaft haben wir nach zwei lustigen Namen gesucht, um den Zellhaufen zu benennen. Fritzi und Kalle. Nun also nur noch Fritzi. Erst mal. Bis zur Geburt ist ja noch genügend Zeit, um uns einen richtigen Namen überlegen zu können. Wir machen Pläne für Fritzi. Wir stellen uns vor, was aus diesem Mädchen werden kann. Pilotin. Kugelstoßerin. Fritzis Oma, die zu diesem Zeitpunkt noch nicht Fritzis Oma ist, möchte, dass Fritzi eine Prinzessin wird. Einspruch. Ich sehe im Fernsehen in einer Dokumentation wie ein Mädchen, das bei ihren lesbischen Müttern aufwächst, von denen eine früher ihr Vater war, gefragt wird, was sie später werden möchte. Sie sagt, sie möchte Prinzessin werden. Und König. Sehr gut. Vielleicht lassen wir Fritzi doch einfach selbst entscheiden, was sie werden möchte. Auf den Fotos, die wir am Ende der Untersuchung bekommen, winkt sie uns zu.

Beziehung

Von Fritzi wollen wir uns mit unseren Vornamen ansprechen lassen. Mutter und Vater, Mama und Papa, das sind Rollenzuschreibungen. Mutter und Vater, Mama und Papa klingt nach Kleinfamilie, Haus, Garten und Hund. Wir reden viel darüber, wie unsere Zukunft mit Fritzi aussehen soll. Und darüber, wie sie nicht aussehen soll. Kleinfamilie, Haus, Garten und Hund gehören eindeutig nicht zu unserer bevorzugten Zukunftsvorstellung. Wir haben keinen Bausparvertrag. Wir sind nicht verheiratet. Wir wohnen nicht einmal zusammen. Natürlich werden wir durch Fritzis Geburt zu Fritzis Mutter und Fritzis Vater, wir wollen aber auch nach der Geburt noch mehr sein als das.

Als ich Fritzis Mutter zum ersten Mal sah, war sie meine Kommilitonin. Das war etwa drei Jahre bevor an dem bereits erwähnten Sommermorgen die zwei Streifen auf dem Schwangerschaftstest erschienen. Ich fand diese Kommilitonin hübsch. Und spannend. Ich wollte sie kennenlernen und sprach sie an. Nachdem wir ein paar Mal in der Mensa, auf den Gängen oder in der U-Bahn auf dem Weg zur Fachhochschule, an der wir zusammen studierten, miteinander geplaudert hatten, fragte ich sie nach ihrer Telefonnummer. Wir wollten zusammen tanzen gehen. Ich hatte eine Freundin. Sie hatte einen Freund. Ich wollte mich trotzdem mit ihr treffen. Sie war eher zurückhaltend. Im Laufe einiger Wochen rief ich sie ein paar Mal an, um sie zu fragen, ob sie mit mir zusammen einen Abend weggehen wollen würde. Es war schön mit ihr zu telefonieren. Wir telefonierten lange. Aber sie kam nie mit. Bei meinem dritten oder vierten Anruf lud sie mich stattdessen zu sich nach Hause ein. Zum Bier trinken und Musik hören. Wir küssten uns an diesem Abend zum ersten Mal. Ich blieb über Nacht.

Sie hatte einen Freund und wollte den auch behalten. Wir gingen uns deshalb danach etwas aus dem Weg. Ein paar Monate später rief ich sie wieder an. Um mit ihr tanzen zu gehen. Sie sagte, ich solle lieber zu ihr kommen. Zum Bier trinken und Musik hören. Ich antwortete am Telefon, dass dann aber sicherlich etwas zwischen uns laufen würde und ob wir nicht doch lieber in einem Club tanzen gehen wollten. Sie wollte, dass ich sie trotzdem besuchen käme. Ich blieb über Nacht. Wir trafen uns daraufhin häufiger. Wir gingen sogar hin und wieder zusammen tanzen. Aus meiner Kommilitonin wurde eine Geliebte. Oder Affäre. Ich beendete meine Beziehung, weil ich wollte, dass aus der Geliebten eine feste Freundin wird. Sie beendete ihre Beziehung nicht. Wir versuchten, uns aus dem Weg zu gehen. Es gelang uns dieses Mal etwa ein Jahr lang. Dann wieder: Telefonate. Gemeinsames Biertrinken. Und Musik hören. Ich hatte in der Zwischenzeit eine neue Freundin, sie hatte immer noch ihren Freund. Ich beendete meine Beziehung. Ich wollte wieder, dass aus der Kommilitonin, die erneut eine Geliebte geworden war, eine feste Freundin wird. Auch sie beendete schließlich ihre langjährige Beziehung. Was nun? Wir konnten uns, nachdem wir über einen Zeitraum von fast zwei Jahren unsere jeweiligen Partnerinnen und Partner nicht nur einmal miteinander betrogen hatten, nicht einfach für eine gewöhnliche Beziehung entscheiden. Wir waren sehr verliebt und hatten großen Spaß zusammen. Trotzdem wollten wir uns alle Freiheiten lassen. Wir wollten versuchen, immer wieder über unser Beziehungskonzept zu reden. Immer wieder neu zu verhandeln.

Seit dem Morgen, an dem die beiden Streifen auf dem Schwangerschaftstest erschienen, wurde aus meiner Freundin, die zuvor Geliebte und Kommilitonin war, auch noch die Schwangere. Die Schwangere, die mal Fritzis Mutter werden würde. Die Mutter meiner Tochter. Irgendwann wird es immer schwieriger, nur noch sie zu sehen. Meine Freundin und Geliebte und alles, was sie sonst noch ist. Mit wachsendem Bauch wird immer deutlicher, dass sie Fritzis Mutter wird. Langsam wird es ernst. Unsere Beziehung verändert sich komplett. Unser Konzept wird durch die Schwangerschaft infrage gestellt. Es fällt uns schwer, mit der veränderten Situation umzugehen. Wir schaffen es nicht, genügend miteinander darüber zu reden. Wir sehnen den Tag der Geburt herbei. In der Hoffnung, dann wieder gleichberechtigter über unsere Beziehung verhandeln zu können. Unsere Beziehung erlebt eine erste große Krise.

London

Ich möchte die letzten Monate vor der Geburt nutzen. Sachen machen, für die ich bald keine Zeit mehr haben werde. Ich werde für zwölf Monate in Elternzeit gehen, Fritzis Mutter wird für den 13. und 14. Lebensmonat – für die sogenannten Vätermonate – Elterngeld beantragen. Für ein ganzes Jahr werde ich mit einem kleinen Baby zu Hause sein. Ich freue mich auf die Zeit – und habe Angst vor allem, was da kommt. Woher soll ich wissen, dass ich das kann? Für ein Baby sorgen. Alle Welt ist sich einig, dass Mütter das können. Bei Vätern ist sich die Gesellschaft nicht so sicher. Woher soll ich die Gewissheit nehmen, dass gerade ich das kann? Wahrscheinlich stellen sich auch viele werdende Mütter diese Frage, nur dass von ihnen erwartet wird, dass sie es wie selbstverständlich schaffen. Schließlich erscheint eine Mutter, die sich um ihr Baby kümmert, wie das »Natürlichste« auf der Welt. Mütter haben deshalb oftmals nicht einmal die Möglichkeit, öffentlich an sich zu zweifeln. Meine Zweifel sind dagegen ein beliebtes Gesprächsthema. Für andere noch mehr als für mich. Ich kann mir überhaupt nicht vorstellen, wie es letztendlich sein wird. Ich weiß, dass ich dann nicht mehr einfach so abends feiern gehen kann. Dass ich nicht einfach so ein Wochenende wegfahren kann. Deshalb möchte ich vor der Geburt noch einmal für ein Wochenende raus aus Berlin. Alleine. Ich buche einen Flug nach London. Ich will ausgehen und feiern. Auch Fritzis Mutter, die zu diesem Zeitpunkt noch nicht Fritzis Mutter ist, aber langsam einen Kugelbauch bekommt, geht aus. Bevor ich nach London fliege, geht sie zu einem Konzert. Am nächsten Tag frage ich sie, wie es war. Das Konzert war toll, sagt sie. Aber es falle ihr immer schwerer, sich beim Ausgehen wohlzufühlen. Sie habe letztlich sehr weit von der Bühne entfernt gestanden. Weiter vorne hätten sich ständig Menschen an ihr vorbeigedrängt und seien immer wieder leicht an ihren Bauch gestoßen. Alles nicht so schlimm, aber so richtig habe sie sich dabei nicht entspannen können. Auch die laute Musik. Der Bass habe sich im Bauch anders angefühlt als sonst. Als früher. Als vor dem Morgen mit den zwei Streifen auf dem Schwangerschaftstest. Gerne hätte sie etwas anderes als alkoholfreies Bier getrunken. Auch die anderen Menschen hätten sie ganz anders angeschaut. Sie möchte trotz der nahenden Mutterschaft eine attraktive Frau sein. Sie möchte so angeschaut werden wie früher.

An den Tagen nach ihrem Konzertbesuch ist sie frustriert. Und ich fliege nach London. Drei Tage. Wie früher. Für mich hat unser großes Projekt noch nicht so richtig begonnen, mein Leben hat sich durch unsere Entscheidung, Eltern zu werden, noch nicht wirklich verändert. Ich bin ungeduldig. Da kündigt sich etwas an, das mein Leben völlig über den Haufen werfen wird, aber so richtig bekomme ich noch nichts davon mit. Ich verpasse nur einen Termin bei der Frauenärztin, sonst bin ich immer dabei. Ich möchte so viel wie möglich mitbekommen von dem, was da bereits vor der Geburt vor sich geht.

In London habe ich tolle Tage. Als ich nach den drei Tagen am Londoner Flughafen sitze und auf meinen Rückflug nach Berlin warte, fängt es an zu schneien. Alle Flüge fallen aus. Ich muss noch drei weitere Tage in London verbringen, bis ich endlich einen Flug nach Deutschland bekomme. Ich fliege nach Hamburg. Von dort fahre ich mit dem Zug zurück nach Berlin. Als ich zurück bin, verstehen wir uns gar nicht mehr. Wir streiten uns und gehen uns aus dem Weg. Wir sind uns nicht mehr so sicher, ob wir das alles so hinbekommen, wie wir uns das ausgedacht haben.

Wir wollten alles anders machen und haben deshalb keine Vorbilder. Wir müssen uns alles selbst erarbeiten und schaffen es nun schon vor der Geburt nicht mehr, miteinander darüber zu reden. Wir schaffen es nicht, unsere Gedanken und Pläne an die veränderte Situation und die veränderte Stimmung anzupassen. Ich weiß zwischenzeitlich nicht, ob wir es schaffen, zusammenzubleiben. Ob wir noch zu unseren Abmachungen stehen. Unser Projekt »Elternsein« hat noch gar nicht richtig angefangen und fühlt sich schon nach Scheitern an. Aber wahrscheinlich ist genau diese Wahrnehmung von mir das Problem: dass ich denke, es habe noch gar nicht richtig angefangen. Für diejenige von uns beiden, die Fritzi bereits seit vielen Monaten mit sich herumträgt und deren Leben schon komplett über den Haufen geworfen wurde, muss das verständnislos und zynisch klingen. Ich sage ihr, dass ich an unserem Plan festhalten möchte. An dem Plan, den wir uns zusammen überlegt haben. Auch sie möchte an unserem Projekt festhalten. Wir sind jung. Und naiv. Und machen Fehler. Wir realisieren so langsam, dass wir uns da auf ein sehr ambitioniertes Projekt eingelassen haben.

Geburtsvorbereitung

Letztes Jahr, während meines jährlichen Weihnachtsurlaubs bei meinen Eltern, habe ich mit meiner Mutter über Kinder gesprochen. Ich könne mir durchaus vorstellen, bald ein Kind zu bekommen und Vater zu werden. Es fehle nur die passende Partnerin, erzählte ich meiner Mutter. Zu dem Zeitpunkt war ich mit Fritzis Mutter gerade seit zwei Monaten zusammen. Um zusammen ein Kind zu bekommen, sollte ich mit ihr vorher schon ein paar Jahre zusammen sein, dachte ich. Um sich richtig kennenzulernen. Um einschätzen zu können, ob ich überhaupt ein Kind mit ihr möchte. Schließlich bindet uns ein Kind über Jahrzehnte aneinander. Im Sommer, in dem Moment, als die zwei Streifen auf dem Schwangerschaftstest erscheinen, sind wir etwa ein Dreivierteljahr zusammen. Nun, ein halbes Jahr später, sind es nur noch ein paar Monate bis zu Fritzis Geburt. Vorher gibt es allerdings noch einiges zu erledigen. Fritzis Mutter, die noch nicht Fritzis Mutter ist, der man aber immer mehr ansieht, dass sie Fritzi in ihrem Bauch mit sich herumträgt, kauft einen Kinderwagen bei eBay. Von Bekannten bekommen wir zwei Plastiktüten mit Babykleidung. Ansonsten ist die Motivation zum Nestbau nicht sonderlich groß, die verbleibenden Monate bis zum errechneten Geburtstermin erschienen uns noch so lang. Wir wollen einen Geburtsvorbereitungskurs machen. Zusammen. Ich sitze gemeinsam mit Fritzis Mutter, drei anderen Paaren und einer Hebamme in einem großen Raum auf Kissen auf dem Boden. Die Hebamme ist nett. Weil wir keine Lust haben, uns weiter um die Hebammensuche zu kümmern, wird sie auch die Hebamme sein, die uns nach der Geburt besuchen kommt, um uns in den ersten Tagen mit Fritzi zu unterstützen. Im Geburtsvorbereitungskurs geht es jede Woche um ein anderes Thema. Mal geht es ums Stillen, mal ums Wickeln. Irgendwann geht es dann auch um die Geburt. Um die natürliche Geburt. Klar würde so eine Geburt auch wehtun, es gehe allerdings nichts über eine natürliche Geburt, sagt die Hebamme. Sie erzählt uns beispielsweise, was ein Dammschnitt ist. Und wie man vorbeugen kann, dass es zu einem Dammschnitt kommt. Probiert es doch mal mit einer Dammmassage, sagt sie. Das lockert den Beckenboden und macht ihn weicher und dehnbarer. Hier kann der Partner der Partnerin mal etwas Gutes tun, fügt sie hinzu. Dammmassage. Ich frage mich, warum mir das Wort im Zuge der Rechtsschreibreform noch nie als Beispiel für ein Wort mit drei aufeinanderfolgenden Konsonanten begegnet ist. Stattdessen immer nur: Schifffahrt. Schritttempo. Oder Sauerstoffflasche. Jedoch niemals »Dammmassage«. Zu Hause legt sich Fritzis Mutter mit mittlerweile dickem Kugelbauch und gespreizten Beinen vor mich hin und ich versuche, ihren Damm zu massieren, so wie die Hebamme uns das beschrieben hat. Auch von innen. Es sollte der erste und letzte Versuch einer Dammmassage bleiben. Nach einer kurzen Massage haben wir Sex. Das ist dann doch irgendwie der familiärere Umgang mit der betroffenen Körperregion.

Mittlerweile sind es nur noch wenige Wochen bis zum errechneten Geburtstermin. Wir gehen zu einem Informationsabend des Krankenhauses, in dem Fritzi geboren werden soll. Nach einer PowerPoint-Präsentation, mit der eine Ärztin der Geburtsstation stolz auf die niedrige Zahl der Kaiserschnittgeburten sowie die Ausstattung der Zimmer in der Wochenbettstation mit Fernseher und Telefon hinweist, geht es zur Kreißsaalbesichtigung. Etwa 150 Leute, davon etwa 100 Schwangere, werden durch die zu diesem Zeitpunkt freien Kreißsäle geschleust. Einige werdende Mütter stellen Fragen. Alles ist möglich, antworten die Hebammen: Badewannengeburt. Das Mitbringen eigener Musik oder Räucherstäbchen. Wir gehen wieder nach Hause. So langsam wird die Aufregung dann doch etwas größer.

In der Woche darauf sagt uns die Frauenärztin bei einer Routineuntersuchung, dass es schon Geburtsanzeichen gebe. Bis zum errechneten Termin sind es noch vier Wochen, es könnte schon früher losgehen. Sie gibt uns noch etwa zwei Wochen. Ich stecke alle gebrauchten Babysachen, die wir geschenkt bekommen haben, in die Waschmaschine. Winzige Bodys. Winzige Hosen. Winzige Pullover. Auf dem Wäscheständer sorgen sie für manches Schmunzeln bei meinen Mitbewohnerinnen und Mitbewohnern. Ich packe eine Krankenhaustasche, wie wir es im Geburtsvorbereitungskurs gelernt haben. Ein paar Müsliriegel, etwas zu trinken. Ein Set Babykleidung. Dazu winzige Windeln. Bis zum errechneten Termin und auch noch ein paar Tage darüber hinaus passiert jedoch nichts weiter. Wir warten.

Einen Tag nach dem errechneten Termin fahren wir nachts mit dem Taxi ins Krankenhaus. Verdacht auf Blasensprung. Eine nicht identifizierbare Flüssigkeit war aus dem Körper von Fritzis Mutter herausgelaufen. Falscher Alarm, sagt die Hebamme im Krankenhaus. Um was es sich bei der Flüssigkeit gehandelt haben könnte, wenn es kein Fruchtwasser aus der Fruchtblase war, sagt sie uns nicht. Wir machen einen nächtlichen Spaziergang nach Hause. Bis zu Fritzis großem Auftritt soll es noch weitere sechs Tage dauern. Weitere sechs Tage, in denen wir vor lauter Aufregung nichts anderes mehr hinbekommen, als zu warten.

Jahr 1 –
SCHLAFEN. TRINKEN. SCHREIEN. ESSEN.

Geburt

Im Fernsehen dauern Geburten nie sehr lange. Schatz, ich glaube es geht los. Aufregung. Krankenhaus. Die Frau stöhnt etwas. Schnitt. Der erste Schrei, ein verschmiertes Baby. Alle lachen. Freudentränen. Der frischgebackene Vater ruft mit dem Handy die frischgebackenen Großeltern an. Alle sind überglücklich. Der schönste Tag im Leben. Fernsehen hat mit der Realität manchmal nicht viel zu tun.

Wir fahren um ein Uhr in der Nacht mit dem Taxi ins Krankenhaus. Um kurz vor 20 Uhr wird Fritzi geboren. Die 19 Stunden dazwischen gehören zu den schrecklichsten Stunden meines Lebens. Dabei habe ich nicht einmal eigene Schmerzen, abgesehen von denen durch die Fingernägel, die mir ins Fleisch schneiden. Aber diese Schmerzen sind eher unbedeutend gegenüber dem Schrecken, den ich miterleben muss. Hier ist in der Evolution irgendetwas falsch gelaufen. Für alle, die die Schöpfungsgeschichte gegenüber der Evolutionsgeschichte bevorzugen: Ein Gott, der sich überlegt hat, dass eine Geburt mit genau solchen höllischen Schmerzen ablaufen soll, ist ein sehr sadistischer Gott. Und er ist in jedem Fall ein Mann. Für uns ist danach klar: Das nächste wird adoptiert. Als wir im Kreißsaal ankommen, hören wir Schreie aus dem Saal nebenan. Regelmäßig dringen sie zu uns durch die Krankenhauswände. Wenig später wechseln sich die Schreie aus dem Nebenzimmer mit denen von der schwangeren Frau ab, die hier neben mir meine Tochter gebären soll. Irgendwann nach diesen 19 Stunden Horror liegt Fritzi vor uns auf dem Boden. Ich bekomme eine Schere in die Hand gedrückt, offenbar ist das das übliche Ritual, um auch die Väter aktiv an der Geburt zu beteiligen. Wegen meiner zittrigen Hände brauche ich drei Versuche, um die Nabelschnur durchzuschneiden. Die Hebamme legt mir Fritzi in den Arm. Fritzis Mutter blutet. Dammschnitt. Sie muss genäht werden. Die Ärztin und die Hebamme kümmern sich um Fritzis Mutter. Ich habe Fritzi auf dem Arm. Sie ist blutüberströmt und hustet Fruchtwasser. Das Fruchtwasser bildet zusammen mit dem Blut Blasen vor ihrem Mund. Gesund sieht das nicht aus. Ich frage mich, ob das so sein soll. Alle anderen im Raum sind beschäftigt. Es wird kurz hektisch. Fritzis Mutter blutet stärker als gedacht. Ich habe Fritzi immer noch auf dem Arm. Meine Knie zittern. Ich finde keinen Platz zum Hinsetzen. Ich kann Fritzi nirgendwo hinlegen. Die bedingungslose Liebe, von der andere Eltern immer erzählen, muss sich wohl mit der Zeit erst noch entwickeln. Es fällt mir schwer, dieses röchelnde Etwas als eine eigenständige Person wahrzunehmen, zu der ich eine Beziehung aufbauen soll. Ich spüre plötzlich eine riesige Verantwortung. Für die nächsten beiden Jahrzehnte werde ich für diesen Menschen in meinem Arm verantwortlich sein. Ich kann Fritzi nicht einfach in die Ecke legen, selbst wenn mir die Knie zittern oder ich mich auch sonst der Verantwortung nicht gewachsen fühle. Mir kommt dieser Moment ewig lang vor. Fritzi liegt in meinem Arm. Fritzi. Letztendlich haben wir uns doch keinen anderen Namen mehr überlegt, wir haben uns im Laufe der Schwangerschaft an den Namen gewöhnt und waren schließlich sogar regelrecht begeistert. Sind begeistert. Auch, weil wir anfangs wohl nicht daran geglaubt haben, uns ohne Streit überhaupt auf einen Namen einigen zu können. Und weil wir beide vor der Namensauswahl sehr aufgeregt waren. Wenn man jahrelang über die Namen von anderen Kindern lästert, steht man selbst unter einem besonderen Druck, es besser machen zu müssen. Außerdem haben uns die Reaktionen der Leute in unserem Umfeld überzeugt. Fritzi? Geht das überhaupt? Ist das ein eindeutiger Mädchenname? Und wie soll sie dann richtig heißen? Ihr wisst schon, dass sie mit dem Namen gehänselt wird? Namen, die von Leuten doof gefunden werden, die wir doof finden, finden wir gut. Oder so ähnlich. Zu ihrem tollen Vornamen bekommt Fritzi meinen Nachnamen. Das hat Fritzis Mutter so entschieden. Ich mag meinen Nachnamen und kann somit mit dieser Entscheidung gut leben. Selbst hätte ich mich nie getraut, das zu verlangen, aber Fritzis Mutter findet es gut, wenn Fritzi so heißt wie ich. Schließlich werde ich ja auch mit ihr zusammenwohnen. Es kehrt Ruhe ein im Kreißsaal. Wir liegen im Bett. Zu dritt. Fritzi schläft. Gegen Mitternacht rufen wir ein Taxi. Vier Stunden nach der Geburt sind wir zu Hause, in meiner WG. In Fritzis und meiner WG. Fast 24 Stunden, nachdem wir von dort los sind, kehren wir zurück. Mit einem kleinen Baby. Mit Fritzi. Es folgt die zweite schlaflose Nacht hintereinander. Ich kann nicht einschlafen. Ich muss ständig hören, ob Fritzi noch atmet. Fritzi schläft gut. Und atmet. Die ganze Nacht.

Stillkommission

Fritzis Mutter darf dank des Mutterschutzgesetztes sechs Wochen vor und acht Wochen nach der Geburt zu Hause bleiben. Das Mutterschutzgesetz schützt die Gesundheit der (werdenden) Mutter und des Kindes vor Gefahren am Arbeitsplatz, sagt die Homepage des Bundesministeriums für Familie, Senioren, Frauen und Jugend. Die ersten beiden Lebensmonate wird Fritzi von ihrer Mutter gestillt. Ist ja auch unheimlich praktisch, vor allem nachts. Fritzi wird wach und schreit, ich hebe sie rüber an die Brust der Mutter. Beim Trinken schläft sie meistens wieder ein. Ich hebe sie zurück ins Babybett. Wenn sie nicht direkt wieder einschläft, lege ich Fritzi auf meinen Bauch, dann schläft sie dort ein, und ich lege sie später zurück ins Babybett. Ich schlafe auf Fritzis Seite, Fritzis Mutter schläft direkt neben dem Baby nicht so gut. Mir macht es nichts aus, Fritzi zum Trinken rüberzuheben. Im Gegenteil. Ich bin froh, wenigstens irgendwas beitragen zu können.

Fritzi ist im April geboren. Nach ihren beiden ersten Lebensmonaten beginnt der Sommer. Wir hatten nicht vor, unser eigenständiges Leben zu beenden und stattdessen nur noch Eltern zu sein. Vielmehr haben wir uns mit der Hoffnung für Fritzi entschieden, uns durch unseren gemeinsamen Einsatz einige unserer außerelterlichen Freuden und Freiheiten erhalten zu können. Wir wollen uns weiterhin mit Freunden treffen, tanzen gehen, reisen, Alkohol trinken. Unserer Überzeugung nach ist das nicht einmal eine egoistische Einstellung. Ich kenne viele Kinder, die wie ich mittlerweile Ende Zwanzig sind, deren Eltern irgendwann aufgehört haben, ihr eigenes Leben zu leben. Diese Kinder müssen riesige Erwartungen erfüllen und sich dagegen wehren, ständig angerufen zu werden. Fritzi soll merken, dass auch ihre Eltern eigene, von ihr unabhängige Bedürfnisse haben, sie nicht für unser Glück verantwortlich ist und wir auch Spaß haben können, wenn sie im Alter von einem Jahr noch nicht laufen kann, sie in ihrer Mathearbeit keine Eins schreibt oder sie später nach ihrem Auszug auch mal ein paar Wochen nicht anruft. In der Praxis bedeutet das für uns nun, dass wir den Festivalsommer nicht aufgrund unseres zwei Monate alten Babys ausfallen lassen. Da für uns klar ist, dass ich mit Fritzi zu Hause bleibe und Fritzis Mutter nach Ende des Mutterschutzes auf Jobsuche geht, steht es ohnehin an, sich Gedanken darüber zu machen, was Fritzi denn so essen soll, wenn ihre Mutter mal nicht da ist. Ein Job ist noch nicht in Sicht, dafür die *Fusion* und das *Melt*-Festival. Irgendwann in der Schwangerschaft haben wir uns eine Milchpumpe bestellt. In einer meiner vielen romantischen Vorstellungen meiner Elternzeit sah ich mich dabei, meinem Baby tagsüber abgepumpte und im Tiefkühlfach aufbewahrte Muttermilch zu geben, bis abends die Mutter des Kindes von der Arbeit nach Hause käme und das Baby wieder selbst stillen könnte. Inzwischen habe ich noch keine Mutter getroffen, bei der das mit dem Abpumpen über einen längeren Zeitraum funktioniert hätte. Für einzelne Abende in Fritzis ersten beiden Lebensmonaten und für das erste Bier bei einem Konzert für Fritzis Mutter leistet die Milchpumpe gute Dienste. Schnell wird klar, dass die Pumpleistung unserer Handmilchpumpe für ein Festival, drei volle Tage, grob überschlagen 20 Mahlzeiten, nicht ausreichen würde. Mit einem Rezept der Frauenärztin können wir uns in der Apotheke eine elektrische Milchpumpe ausleihen. Neben Babybett und Wickelkommode nimmt diese Pumpe den restlichen freien Platz in meinem WG-Zimmer ein, in dem wir momentan zu dritt zusammenwohnen. Wir können sie aber auch schnell wieder zurück in die Apotheke bringen. Auch ihre Pumpleistung wird es uns nicht möglich machen, Festivalsommer und Stillen des Babys vereinbar zu machen. Selbst der oft gehörte Tipp, die Mutter solle sich während des Abpumpens ein Foto ihres schreienden Babys anschauen, um den »Milcheinschussreflex« zu verstärken, hilft nicht wirklich weiter. Wir setzen sogar ein kurzes Video des schreienden Babys als Hilfsmittel ein, jedoch mit ebenso geringem Erfolg. Nach endlosem Herumprobieren findet Fritzis Mutter doch noch eine Möglichkeit, die Menge abgepumpter Milch pro Zeit zu erhöhen. Während Fritzi an der einen Brust saugt, arbeitet auch die Pumpe an der anderen Brust produktiver.

Selbst wenn letztendlich nicht auszuschließen ist, dass ein Bedienungsfehler unsererseits für die insgesamt enttäuschend geringe Saugleistung verantwortlich ist, so ist zumindest die Verletzung der Menschen-/Mutterwürde offensichtlich, die es mit sich bringt, wenn Fritzis Mutter gezwungen ist, stundenlang mit einer trichterförmigen Saugvorrichtung an ihrer Brust herumzudrücken, zwischendurch Fritzi an der anderen Brust trinken zu lassen, um den Milchfluss zu verstärken, und dabei vor dieser laut brummenden Höllenmaschine zu sitzen. Also: Abstillen. Flaschenmilch zum Anrühren aus der Drogerie. Aber Achtung: Volkskrankheit Allergien. Fritzi hat dafür eine familiäre Disposition. Wir kaufen hypoallergene Milch, für 12,95 Euro alle vier bis fünf Tage. Ich bin skeptisch und recherchiere im Internet zum Thema Stillen. Die deutsche Bundesregierung unterhält eine *Nationale Stillkommission* beim Bundesinstitut für Risikobewertung. Die Aufgabe dieser Stillkommission ist die Förderung des Stillens in Deutschland, deshalb soll sie sich beispielsweise unter anderem auch zu Fragen der Werbebeschränkungen für Muttermilchersatz äußern. Ich habe mich schon immer gefragt, warum es keine Werbung für Muttermilchersatz gibt, sondern immer nur für »Folgemilch«. Die von der Stillkommission veröffentlichten Pressemitteilungen haben Titel wie »Stillen ist lebenswichtig – Bist du dabei?«, »Stillen fördern: Goldrichtig!« oder »Stillen – es dürfte etwas länger sein«. Hinweise auf die (negativen) Auswirkungen des Stillens auf die Gleichberechtigung zwischen Mutter und Vater sowie Verweise auf wissenschaftliche Studien über die tatsächlichen medizinischen oder psychosozialen Vorteile des Stillens gegenüber dem Muttermilchersatz finde ich nicht. Immer wieder begegnet mir die gleiche Argumentation: Durch das Stillen entsteht eine wunderbare Nähe voller Liebe zwischen Mutter und Kind. Und das könne ja wohl keine Flasche ersetzen. Wunderbare Nähe voller Liebe werden wir schon irgendwie anders hinbekommen. Und Fritzis Mutter hat eine tolle Zeit beim Festival.

Wohnen

Ich wohne in Berlin. Fritzi und ich wohnen in Berlin. Genauer gesagt in Berlin-Friedrichshain. Ich bin zugezogen. Fritzi ist in Berlin-Friedrichshain geboren. Erst einmal bleiben wir in meiner Fünfer-WG wohnen. Super, denke ich, da kann ich das Baby irgendwem in die Hand drücken, wenn ich kurz aufs Klo muss, oder mal schnell duschen möchte. Fritzis Mutter zieht in die Nähe, auch in eine WG. Schon vor der Geburt ist klar, dass das Kind zu mir zieht, weil ich mit ihr in den ersten zwölf Monaten zu Hause bleiben werde. Dem Krankenhaus und der Meldebehörde ist das nicht so klar. Fritzi wird vom Krankenhaus bei der Meldebehörde automatisch bei ihrer Mutter angemeldet. Per Gesetz. Ich muss nach der Geburt zum Bezirksamt, um sie umzumelden. Die Meldebescheinigung brauche ich dann wiederum für meinen Elterngeldantrag, um nachweisen zu können, dass ich auch wirklich mit dem Kind zusammenwohne. Die Sachbearbeiterin schaut mich komisch an. Die Mutter des Kindes sei nicht dabei, ich könne Fritzi deshalb gar nicht bei mir anmelden. Dabei habe ich sogar daran gedacht, mir von Fritzis Mutter eine Vollmacht schreiben zu lassen, in der sie mir erlaubt, Fritzi bei mir anzumelden, und bestätigt, dass das Kind bei mir wohnt. Das reicht nicht, sagt die Sachbearbeiterin. Die Mutter muss auf dem Ummeldeformular unterschreiben. Sie findet es aber toll, dass es auch mal einen Vater gibt, der sich um das Kind kümmert, und drückt ein Auge zu.

Fritzi wohnt nun offiziell bei mir. In meiner Fünfer-WG. Jetzt Sechser-WG. Fritzi und ich teilen uns ein Zimmer. Solange Fritzi noch alle zwei Stunden an die Brust möchte, wohnt auch ihre Mutter bei uns. In dieser Zeit zusammen in meinem WG-Zimmer wird uns klar, dass wir noch längere Zeit nicht zusammenwohnen möchten. Es ist nicht so einfach zu dritt in einem Zimmer. In einer Siebener-WG. Nachdem Fritzi nicht mehr gestillt wird, wohnt Fritzis Mutter wieder in ihrer eigenen WG, zumindest an den meisten Tagen der Woche. Fritzi und ich halten es danach noch zwei Monate länger zusammen in unserem Zimmer aus. Schließlich gehe ich auf Wohnungssuche. Eine Wohngemeinschaft mit Kind ist sicher nicht grundsätzlich zum Scheitern verurteilt, vielleicht versuchen wir es irgendwann noch einmal. Es funktioniert jedoch nicht mit nur einem Zimmer. Ich kann mich nicht zurückziehen, wenn Fritzi am frühen Abend schlafen geht. Erst Abhängen mit Fritzi, dann Abhängen mit den anderen Mitbewohnerinnen und Mitbewohnern. Das wird mir zu viel. Zwischendurch brauche auch ich etwas Ruhe. Fritzis Mutter ist während der Schwangerschaft extra nach Friedrichshain gezogen, damit wir nicht so weit voneinander entfernt wohnen. Also suche ich nach einer Wohnung in der Nähe. So leicht ist das nicht. Manchmal bildet sich in Friedrichshain vor einem Haus eine Gruppe von bis zu 50 oder 60 Personen, die dann gemeinsam zur Wohnungsbesichtigung hineinströmen. Die Mieten sind hier in den letzten Jahren auch nicht günstiger geworden.

Ich möchte einen Wohnberechtigungsschein beantragen, in der Hoffnung, so an eine der letzten günstigen Wohnungen im Bezirk zu kommen. Mir steht sogar ein Wohnberechtigungsschein mit Dringlichkeit zu. Ist ja niemandem zuzumuten, mit Kind in einer WG zu wohnen. Schnell habe ich alle erforderlichen Unterlagen eingereicht. Fast alle. Fritzis Mutter und ich müssen noch zusammen zum Wohnungsamt, damit die Person, die nicht mit dem Kind zusammenwohnt, dies auch beglaubigt unterschreiben kann. Nachdem ich der Sachbearbeiterin erklärt habe, dass Fritzi bei mir wohnt, reicht sie mir ein Formular, auf dem ich unterschreiben soll, dass ich nicht mit Fritzi zusammenwohne. Ich erkläre ihr, dass Fritzis Mutter nicht mit Fritzi zusammenwohnt. Sie sagt mir nochmal, dass ich auf dem Formular unterschreiben soll, dass ich nicht mit Fritzi zusammenlebe. Fritzis Mutter nimmt sich das Formular und unterschreibt. Langsam beginnt die Sachbearbeiterin zu verstehen. Na klar, wenn die Mutter nicht mit dem Kind zusammenwohnt, muss natürlich sie unterschreiben. Auch wenn das irgendwie komisch ist. Habe sie noch nie erlebt. Am Ende bekomme ich meinen Wohnberechtigungsschein.

Ich schaue mir genau zwei Wohnungen an und bekomme zwei Zusagen. Ich muss mich entscheiden. Letztendlich entscheide ich mich für eine Wohnung, für die ich gar keinen Wohnberechtigungsschein gebraucht hätte. Bei der Besichtigung erzähle ich der Frau von der Hausverwaltung, dass ich mit meiner kleinen, vier Monate alten Tochter einziehen möchte. Sie ist begeistert und will uns die Wohnung sofort reservieren. Als ihr Sohn vier Monate alt war, hat sich der Vater aus dem Staub gemacht. Ist ausgewandert, in die USA. Das ist jetzt 19 Jahre her, erzählt sie mir. Sie müsse es deshalb unterstützen, wenn sich mal ein Vater um ein Kind kümmere.

Fritzi und ich haben eine Wohnung. Umziehen. Ummelden. Diesmal haben wir die erforderliche Unterschrift auf dem Ummeldeformular. Die Sachbearbeiterin schaut mich komisch an. Sie fragt mich, wann die Mutter kommt, um sich auch unter unserer neuen Adresse anzumelden. Ich sage ihr, dass die Mutter nicht mit uns zusammenwohnt. Dann müsse Fritzi doch aber zumindest ihren Nebenwohnsitz bei der Mutter anmelden, schließlich sei sie ja die meiste Zeit bei ihr. Nein. Ist sie nicht. Ich wohne mit Fritzi zusammen. Sonst niemand.

Väter

Die Sonne scheint. Fritzi, Fritzis Mutter und ich liegen auf der Wiese vor unserer neuen Wohnung in der Sonne. Über uns wohnt eine kleine Familie. Luisa kommt mit ihrem Vater aus dem Haus. Luisa ist etwa fünf Jahre alt.

Seid ihr hier neu eingezogen?, fragt Luisas Vater, der etwa so alt ist wie ich. Er stellt sich vor, wir schütteln uns die Hände.

Ich sage ihm, dass ich nun mit Fritzi hier wohne.

Was machst du da?, fragt er Fritzis Mutter. Fritzi hat Hunger und bekommt eine Milchflasche. Er fragt, warum Fritzi nicht mehr gestillt wird.

Weil ich sie nicht stillen kann, antworte ich.

Und weil ich hier nicht mit den beiden wohne, sagt Fritzis Mutter.

Sie sei doch aber noch so klein. Das könne er nicht verstehen. Er sei damals mit seiner Tochter anders umgegangen, sagt er und schüttelt den Kopf.

Mir ist bisher kein anderer Vater begegnet, der wie ich für ein Jahr in Elternzeit ist. Durch das Elterngeldgesetz gibt es immer mehr Väter, die zwei Monate zu Hause bleiben, nachdem zuvor die Mutter zwölf Monate beim Kind geblieben ist. Durch das Gesetz haben Eltern Anspruch auf bis zu 14 Monate Elterngeld, wobei ein Elternteil höchstens zwölf Monate Elterngeld beziehen kann. Manche Väter nehmen drei oder vier Monate Elternzeit, manche arbeiten in der Zeit nur noch 30 Stunden in der Woche – auch das gilt als Elternzeit. Als Fritzi ein halbes Jahr alt ist, besucht mich eine Soziologiestudentin aus Mainz, um mich für ihre Diplomarbeit über Väter in Elternzeit zu interviewen. Sie kommt extra wegen mir nach Berlin. Ich bin der dritte Vater, den sie in ganz Deutschland gefunden hat, der für ein Jahr in Elternzeit ist. Einer der beiden anderen ist ein Jahr zusammen mit seiner Frau zu Hause und diese übernimmt daher auch die meisten babybezogenen Arbeiten. Er kann es sich einfach leisten, ein Jahr in seinem Job auszusetzen. Bleibt ein anderer Vater außer mir in ihrer Diplomarbeit. Ich frage sie nicht nach seiner Mailadresse, obwohl es mich schon interessiert, wie es ihm ergeht, und vor allem, was ihn dazu bewogen hat, diese Rolle zu wählen.

Sicherlich gibt es irgendwo in Deutschland auch noch ein paar andere Väter in der Mutterrolle. Ich habe irgendwann während der Schwangerschaft im Wartezimmer der Frauenärztin in einem *Stern*-Artikel von noch einem gelesen – viele können es insgesamt nicht sein. Die Soziologiestudentin aus Mainz fragt mich, warum ich die ganze Zeit zu Hause bleibe, wo mir doch Gleichberechtigung in meiner Beziehung und bei der Erziehung des Kindes so wichtig sei. Unsere Aufgabenaufteilung sei ja schließlich genauso ungleich verteilt, wie wenn die Mutter zu Hause bliebe. Diesen Einwand höre ich nicht zum ersten Mal. Dass Gleichberechtigung nicht bedeutet, dass beide Elternteile die exakt gleiche Anzahl an Windeln wechseln, ist vielen neu. Wir leben in einer Gesellschaft, die passend zum zugeschriebenen Geschlecht strikte Rollenmuster bereithält. Für Frauen gehören dazu auch heute noch vor allem häusliche Aufgaben. Wie erfolgreich und anerkannt eine Frau ist, wird von vielen noch immer am Erfolg ihres Ehemannes gemessen. Als Lisa aus der Fernsehserie *Die Simpsons* in einer Folge nach ihrer Wahl zur Schülerschaftspräsidentin schick angezogen und frisiert nach Hause kommt, ruft ihre Mutter Marge begeistert: Oh, Lisa! Du siehst so erfolgreich aus. Wie die Frau eines Managers. Bei der Geburt eines Kindes zeigen sich die eingefahrenen Rollenmuster noch deutlicher. Kurz nach uns bekommt die französische Justizministerin ein Kind und wird fünf Tage nach der Geburt wieder bei einer Kabinettssitzung gesehen. Der Aufschrei ist groß. Im Internet verfolge ich eine Diskussion darüber, warum sie überhaupt ein Kind in die Welt setze, wenn sie sich dann doch nicht darum kümmere; sie lasse ihr Kind so kurz nach der Geburt im Stich. Es ist nicht leicht, sich aus den von unserer Gesellschaft vorgegebenen Rollenzuschreibungen zu lösen. Vor allem für Frauen. Vor allem, wenn es um die Geburt eines Kindes geht. Ich habe ein Kind gezeugt und sehe mich in einer besonderen Verantwortung. Ich kann Fritzis Mutter den gesellschaftlichen Druck nicht nehmen, der auf ihr lastet. Auch ihr wird vorgeworfen, dass sie ihr Kind alleine (!) lasse. Ich kann den Gegenwind und die Abneigung, die Fritzis Mutter entgegenschlagen, nicht verhindern. Aber ich kann mit dem Kind zu Hause bleiben, ich kann das Baby versorgen und deutlich machen, dass ich auch alle anderen anfallenden Aufgaben übernehmen kann. In den ersten Wochen gibt es genau eine Aufgabe, die ich mir nicht wirklich zutraue. Ich traue mich nicht, Fritzi die Fingernägel zu schneiden. Wenn es nicht anders ginge, würde ich das ganz sicher auch noch hinbekommen. Da diese Aufgabe aber nur etwa alle zwei Wochen erledigt werden muss und Fritzis Mutter keine Probleme damit hat, bin ich ganz glücklich, Fritzi erst selbst ihre Fingernägel schneiden zu müssen, als sie schon ein paar Monate alt ist und die Finger nicht mehr ganz so winzig sind. Fritzi ist nicht alleine. Ich bin bei ihr. Anders als die französische Justizministerin können wir uns leider keine professionelle ganztägige Babybetreuung leisten, und auch Fritzis Großeltern – sowohl meine Eltern als auch die Eltern von Fritzis Mutter – wohnen zu weit entfernt, um uns bei der Babybetreuung zu unterstützen. Wenn ich nicht mit dem Kind zu Hause bliebe, hätte Fritzis Mutter keine Möglichkeit, der Rolle als Hausfrau und Mutter zu entgehen. Eine gleichberechtigte Beziehung ist nur möglich, wenn beide Partner die Wahl haben, ihre Karriere zu verfolgen oder sich um die Familie zu kümmern. Wenn ich weiter arbeiten gehen würde, könnte Fritzis Mutter mich nicht dazu zwingen, zu Hause zu bleiben. Wie selbstverständlich würden alle von ihr erwarten, dass sie sich – notfalls auch ganz alleine – um das Kind kümmert. Dass Fritzis Mutter sich letztendlich dazu entschlossen hat, arbeiten zu gehen, und es geschafft hat, Fritzi alleine (bei mir) zu lassen, ist aufgrund des gesellschaftlichen Drucks bewundernswert und erfordert großen Mut. Ich liebe sie dafür.

Töchter

Die Augen hat sie vom Vater, höre ich nach der Geburt. Sie sieht aus wie du, sagen Verwandte. Ganz der Papa. Immer wieder suchen Leute nach Ähnlichkeiten zwischen Fritzi und mir. Babys sähen anfangs immer dem Vater ähnlich, höre ich. Damit dieser das Kind nicht verstößt. Und aus der Höhle wirft. Weil er denkt, es sei von einem anderen.

Evolution und so. Ob ich mir sicher sei, dass es mein Kind ist, werde ich mal mehr und mal weniger scherzhaft gefragt. Aber sie sehe ja aus wie ich, da müsse ich mir glücklicherweise keine Gedanken machen.

Etwa einen Monat vor der Geburt sind wir beim Jugendamt. Vaterschaftsanerkennung. Fritzis Mutter und ich sind nicht verheiratet, deshalb müssen wir meine Vaterschaft beim Jugendamt zusammen anerkennen und erklären, dass wir das Sorgerecht gemeinsam ausüben möchten. Die Sachbearbeiterin fragt mich, ob ich die Vaterschaftsanerkennung auch wirklich unterschreiben möchte. Ich hätte danach keine Möglichkeit mehr, da irgendwie wieder rauszukommen. Ich unterschreibe. Fritzis Mutter unterschreibt auch. Damit bin ich Fritzis Vater. Von Geburt an. Egal, von wem sie ihre Augen hat. Fritzi ist meine Tochter.

Die Beziehungen zwischen Vätern und Töchtern seien etwas ganz Besonderes, sagt beispielsweise der Vater von Nadine. Und man habe als Vater auch eine besondere Verantwortung. Heutzutage gehe es gerade bei den Töchtern ja schon viel früher los. Da müsse man sehr aufmerksam und vorsichtig sein. Ab wann darf Fritzi zum ersten Mal bei ihrem Freund übernachten? Bis zu welcher Uhrzeit darf Fritzi abends ausgehen? Es wird noch einige Jahre dauern, bis ich mir diese Fragen im praktischen Leben stellen muss, aber sie scheinen die Väter von Töchtern besonders zu beschäftigen. Und ich habe auch schon eine vage Idee, wie ich später damit umgehen möchte. Ich glaube, dass Fritzi für sich selbst entscheiden kann und muss, wann sie zum ersten Mal bei ihrer Freundin oder ihrem Freund übernachten möchte. Ich werde nicht darauf bestehen, ihre Partner zuerst kennenzulernen, bevor die beiden beieinander übernachten. Ich möchte Fritzi nicht vorschreiben, wann sie zum ersten Mal Alkohol trinken oder rauchen darf oder wann sie in der Nacht nach Hause kommen muss. Selbst wenn ich es wollen würde, könnte ich das alles gar nicht kontrollieren. Verbote würden sie lediglich dazu zwingen, mir etwas zu verheimlichen. Ich werde versuchen, ihr immer deutlich zu machen, dass es mir wichtig ist, dass es ihr gut geht und dass ich immer für sie da bin. Dass sie mich auch mitten in der Nacht anrufen kann, wenn sie sich zum Beispiel plötzlich unwohl fühlt und von ihrer Freundin, ihrem Freund oder aus einem Club nach Hause möchte. Fritzi soll mit mir über alles reden können. Übers Schuleschwänzen, Alkoholtrinken oder über ungewollte Schwangerschaften. Ich nehme mir vor, immer so offen und ehrlich wie möglich mit ihr zu reden. Und ich werde auch immer versuchen, ihr meine Standpunkte dazu zu vermitteln. Letztendlich muss sie aber zu all diesen Themen eine eigene Position finden. Egal, ob mir diese dann eher mehr oder eher weniger gut gefällt. Und wenn es Dinge gibt, die sie eher nicht mit mir, sondern vielleicht lieber mit ihrer Mutter oder sonst jemandem besprechen möchte, dann werde ich auch das akzeptieren.

Ach, es könne ja auch sonst so viel passieren, sagt Nadines Vater. Er mache sich viele Gedanken darum, wie er seine Tochter schützen könne. Überall lauern Gefahren. Auf der Straße. Im Internet. Ich nehme mir vor, mir nicht so viele Sorgen zu machen. Sicherlich gibt es Menschen da draußen, besser: gibt es Männer da draußen, von denen ich hoffe, dass Fritzi ihnen nie begegnet. Gewalt gegen Frauen ist aber leider nicht nur ein Problem dunkler Parks und schlecht beleuchteter Parkplätze. Weil ein großer Anteil der Fälle sexualisierter Gewalt in der eigenen Familie stattfindet, ist statistisch gesehen die Gefahr für eine Tochter schon um einiges geringer, wenn der eigene Vater nicht zum Täter wird. Dennoch ist natürlich auch dann die Welt nicht frei von Gefahren. Solange Fritzi ein Kind ist, will und muss ich sie beschützen. Ich kann sie aber – so traurig das ist – nicht vor allem bewahren. Was ich tun kann: Ich kann Fritzi dabei unterstützen, ein starkes und selbstständiges Mädchen, eine starke und selbstständige Frau zu werden. Keine, die von Geburt an eingeredet bekommt, auf den Schutz von Männern angewiesen zu sein, und keine, die von Geburt an lernt zu tun, was Männer (allen voran ihr Vater) ihr sagen.

Eltern-Kind-Café

Ich gehe mit Robert spazieren. Fritzi liegt im Kinderwagen. Es fängt an zu regnen. Bei uns im Kiez haben in der letzten Zeit einige Eltern-Kind-Cafés aufgemacht. Wir entschließen uns, eines davon auszuprobieren. Es ist noch früh und das Café fast leer. Die Besitzerin begrüßt uns schon an der Tür. Sie ist völlig begeistert von dem Männerüberschuss in ihrem Café. Außer uns ist noch ein anderer Vater da. Drei Männer gleichzeitig im Eltern-Kind-Café. Wow. Sie bietet mir an, den Kinderwagen draußen anzuschließen und mit einem Regenschutz zu schützen. Für irgendetwas müssten Frauen ja noch gut sein, sagt sie und lacht. Ich setze mich mit Fritzi auf den Boden in der Spielecke. Fritzi sitzt auf meinem Schoß und betrachtet die Umgebung. Robert sitzt am Tisch. Im Laufe des Nachmittags füllt sich das Café mit Müttern und ihren Kindern. Wir hören uns die Gespräche der Mütter an. Es geht um Kinder. Um Babys. Ums Stillen. Um Verdauung. Ums Durchschlafen. Auch mir fällt es schwer, andere Gesprächsthemen zu finden. Mein Leben bietet mir nicht viel mehr. Mit Robert kann ich nicht übers Stillen reden. Oder über Verdauung. Oder übers Durchschlafen. Mit Robert rede ich über Beziehungen. Über Sex. Wir reden über Fritzis Mutter und mich. Über unsere Beziehung. Unser Streit vor der Geburt wurde nahtlos abgelöst von dem alltäglichen Stress mit diesem Baby. Fritzis Mutter und ich schaffen es schon wieder nicht, über unsere Beziehung zu reden und Abmachungen neu auszuhandeln, sie an die abermals veränderte Situation nach Fritzis Geburt anzupassen. Ich schaffe es insgesamt wesentlich besser, mich auf das Leben mit diesem Baby einzulassen. Fritzis Mutter gelingt das nicht so gut. Sie hat mittlerweile einen Job gefunden und dadurch auch einfach viele andere Dinge im Kopf. Es hat auch einige Zeit gedauert, bis ich wieder Sex mit Fritzis Mutter hatte. Erst einmal war da der Dammschnitt. Der ist mittlerweile verheilt, es bleibt aber wahrscheinlich für immer die Erinnerung an die Geburt. Ich habe, anders als manch andere Väter es mir in Bezug auf die Mütter ihrer Kinder berichten, kein so großes Problem damit, in Fritzis Mutter eine attraktive Frau zu sehen, nachdem ich ihren Körper bei der Geburt gesehen habe. Ich kann recht gut mit der Realität leben, dass auch Frauenpupse nicht nach Rosen duften. Und auch damit, dass ich bei der Geburt den Körper von Fritzis Mutter in nach landläufigen Maßstäben sicherlich nicht sonderlich erotischen Zuständen erlebt habe. Dennoch bleibt die Geburt aufgrund der unglaublichen Schmerzen als traumatisches Erlebnis präsent, das irgendwie doch auch eng mit dem Thema Sexualität verknüpft ist. Weil es unter anderem um dieselbe Körperregion geht – und weil natürlich nicht die beiden Streifen auf dem Schwangerschaftstest den eigentlichen Beginn dieser Geschichte markieren, sondern der Sex ein paar Wochen zuvor. Dann ist da noch die ständige Müdigkeit. Und es gibt dieses Baby, das einfach immer im Schlafzimmer mit dabei ist, wenn Fritzis Mutter und ich zusammen im Bett liegen. Alles keine lustfördernden Faktoren. Es ist schwierig, die Geburt, die Müdigkeit und das Baby für einen Moment zu vergessen, sich zu entspannen und Lust auf beziehungsweise Spaß am Sex zu haben. Aber Fritzis Mutter und ich arbeiten daran. Mal mehr, mal weniger.

Fritzis Mutter hat Probleme, sich attraktiv zu fühlen. Vor der Schwangerschaft war sie es gewohnt, im Club angeschaut und angesprochen zu werden. Während der Schwangerschaft hat sich das völlig verändert. Vieles ist inzwischen wieder so wie vor der Schwangerschaft. Ihr Körper sieht wieder so aus wie früher, aber ihr Leben hat sich verändert. Dabei hat Fritzis Mutter mehr Tage frei als ich, sie geht häufiger abends weg und erlebt abseits von Fritzi mehr als ich. Sie hat mehr Gesprächsthemen. Und dennoch kommt auch sie im Laufe einer Unterhaltung im Club, in der Kneipe oder auf einer Party nicht darum herum, von Fritzi zu erzählen. Zu erzählen, dass sie eine Mutter ist, die Mutter eines kleinen Babys.

Ich unterhalte mich mit Robert über meine eigenen Schwierigkeiten, über andere Dinge zu reden als Fritzi. Wir unterhalten uns über die Mütter hier im Eltern-Kind-Café. Und darüber, dass sie auch nur über ihre Kinder reden. Und übers Stillen und über Verdauung. Ich wünsche mir, auch eine oder zwei Mütter als Freundinnen zu haben, mit denen ich über genau diese Themen reden kann. Ohne schlechtes Gewissen, immer nur das Gleiche zu erzählen. Mit denen ich mich darüber unterhalten kann, wie schwer es ist, eigene Interessen zu haben und zu verfolgen, wenn das Baby so viel Aufmerksamkeit und Lebenszeit in Anspruch nimmt.

Berlin-Friedrichshain

Alltag. Jeder Tag ist gleich, es gibt nur wenig Abwechslung. Julia aus Hamburg kommt mich besuchen – kommt uns besuchen. Wir haben einen schönen Nachmittag zusammen bei uns in der Wohnung. Fritzi liegt die meiste Zeit auf ihrer Decke, Julia und ich trinken Kaffee und essen ein Stück Kuchen. Später will sich Julia dann noch mit anderen Leuten treffen. Zum Abendessen ist sie bei Freundinnen und Freunden in einer WG eingeladen, danach will sie in einer Bar weitere Freunde treffen. Dann noch ein Konzert, später vielleicht tanzen, in einem Club. Dieser ganze übliche Stress, wenn sie mal in Berlin sei. Es war sehr schön bei euch, so schön ruhig, sagt sie. Ich muss lachen. Genau das ist mein Problem, antworte ich. Es ist ruhig. Es passiert nichts. Jeder Tag ist gleich. Ich freue mich immer über Besuch, sage ich noch.

Ich freue mich auch immer über den Postboten, der mir hin und wieder irgendetwas bringt, was ich im Internet bestellt habe. Oder was sich andere im Haus bestellt haben. Ich habe regelmäßig Pakete für meine Nachbarn in meiner Wohnung liegen, weil ich so viel zu Hause bin. Der Postbote erzählt mir, dass er auch eine Tochter habe. Wir plaudern immer kurz, dann wünscht er uns noch einen schönen Tag und lässt uns wieder alleine. Ich versuche, zumindest die Strecke meines täglichen Spaziergangs zu variieren. Ich gehe viel mit Fritzi spazieren: Ich trage sie im Tragetuch auf dem Bauch, ich schiebe sie im Kinderwagen. Durch Berlin-Friedrichshain. Friedrichshain? Viele Menschen auf der Welt wissen genauer, wo wir wohnen, wenn ich sage: 150 Meter schräg gegenüber vom Berghain. Seit Fritzis Geburt war ich nicht mehr in diesem Club.

Ich gehe spazieren. Samstag. Heute drehen wir eine Runde am Berghain vorbei. Davor spricht mich ein junger Mann an, der kurz zum Luftschnappen draußen ist. Er fragt mich, ob das mein Kind sei. Er wolle auch mal ein Kind, sagt er. Wenn er älter sei. Er sieht in etwa so alt aus wie ich. Er sieht so aus, als habe er seit vielen Stunden nicht geschlafen. Eigentlich sieht er deshalb sogar älter aus als ich. Es ist Mittag. Mit Hund oder Baby spazieren zu gehen sind wohl die besten Möglichkeiten, auf der Straße schnell Leute kennenzulernen. Als Vater mit Kind habe ich es wahrscheinlich besonders leicht. Auf unserem Weg durch Berlin-Friedrichshain kommen wir immer an einem Späti vorbei, in dem ich aber nur noch selten einkaufe. Bis Fritzi gegen 19 Uhr ins Bett geht, haben auch alle anderen Geschäfte noch geöffnet, ich kann also auch zum Supermarkt um die Ecke gehen. Wenn Fritzi schläft, gehe ich nicht mehr aus dem Haus. Ist ja nicht so, dass ich dann Feierabend hätte bis um sieben Uhr morgens. Eher Feierabend bis 23 Uhr. Wenn ich Glück habe, habe ich Feierabend bis drei Uhr. Wenn ich Pech habe allerdings auch nur bis 19.30 Uhr. In jedem Fall schwer einzuschätzen und nicht planbar, deshalb kann ich mich nicht einfach um 19 Uhr verdrücken und gegen 23 Uhr für die erste Flasche Milch in der Nacht wieder nach Hause kommen. Die Inhaberin des Spätis kennt mich nun trotzdem besser als zu Zeiten, in denen ich hier regelmäßig mein Bier gekauft habe. So ein süßes Kind, sagt sie, so süß, der Kleine. Da Fritzi kein Rosa trägt, ist sie für alle ein Junge. Sie habe für ihren Laden gerade einen neuen Mietvertrag über zehn Jahre unterschrieben. Es sei so toll, den Kleinen über die ganze Zeit hier aufwachsen zu sehen. Wir sollen auf jeden Fall hier im Kiez wohnen bleiben. Ein paar Meter weiter kommen wir an unserer alten WG vorbei. Ich erzähle Fritzi immer, dass sie hier schon gewohnt hat, als sie klein war. Unten im Haus unserer alten WG ist ein Kampfkunstausrüstungsgeschäft. Vor Fritzis Geburt kannte ich den Inhaber nur durch die Pakete, die er für unsere WG annahm, wenn wir nicht da waren. Nun fragt er mich immer, wie es mir mit Fritzi so geht und wie es uns in unserer neuen Wohnung gefällt. Er sagt, er sei begeistert, wie ich mich um mein Kind kümmere. Endlich mal ein Vater, der für sein Kind sorge. Wir sind ihm schon am Tag der Geburt begegnet. Fritzi, Fritzis Mutter und ich kamen gerade, vier Stunden nach der Geburt, mit dem Taxi vor dem Haus an. Kurz vor 24 Uhr. Er stand auf dem Gehweg und war einer der ersten, der Fritzi bewundern durfte. Ich schenk dir ein T-Shirt, auf dem steht, du bist der beste Vater im Kiez, sagt er zu mir. Vor einiger Zeit habe ich auf einem Bahnsteig eine Familie mit drei Kindern zwischen drei und 18 Jahren mit selbst bedruckten T-Shirts gesehen. Hinten war das Alter des jeweiligen Familienmitglieds aufgedruckt, vorne ein flotter Spruch. Beim Vater stand vorne »Bester Vater der Welt«. Soweit bin ich noch nicht. Heute der eigene Kiez, morgen die ganze Welt.

Wir kommen gerade sehr selten raus aus Friedrichshain. Mal abgesehen davon, dass etliche S- und U-Bahn-Stationen nicht barrierefrei mit einem großen Kinderwagen erreichbar sind, ist jeder längere Ausflug eine kleine logistische Herausforderung. Wir brauchen Windeln und Feuchttücher. Und für den kleinen Hunger zwischendurch: Fritzis Milch. Ich mache Wasser heiß, fülle es in eine Thermoskanne. Das Milchpulver muss mit. Fläschchen und Sauger. Dazu noch kaltes Wasser, um die richtige Temperatur zu mischen. Fritzi hat keine festen Trinkzeiten. Wenn sie Hunger hat, schreit sie. Und ich beginne damit, ihr eine Milch zuzubereiten.

Fritzi und ich gehen weiter. Durch Berlin-Friedrichshain. Einkaufen im Bioladen. Fritzi ist bald ein halbes Jahr alt und ich werde versuchen, ihr etwas anderes als Milch zu geben. Ich kaufe einen Kürbis. Passend zur Jahreszeit koche ich Kürbisbrei. Herbst. An der Kasse ist eine kleine Schlange. Die Kassiererin steht dennoch kurz auf, um Fritzi zu begrüßen. So süß, die Kleine. Als ich zum ersten Mal mit Fritzi im Laden war, habe sie sich gerade frisch in ihre jetzige Freundin verliebt, sagt sie. Seitdem kann sie sich an uns erinnern. Ich soll Fritzis Mutter schön grüßen. Wir leben in einem kleinen Dorf. Unser Dorf mit mehr als 100.000 Einwohnern, Berlin-Friedrichshain.

Väterzentrum

Jetzt im Herbst macht das Spazierengehen von Tag zu Tag weniger Spaß. Ich habe Fritzi gerade zum Schlafen hingelegt und suche nach einer Idee. Was kann ich mit Fritzi unternehmen? Google. Vater mit Kind, Berlin. Ich finde ein Video über das Väterzentrum in Prenzlauer Berg. Vater sein, Mann bleiben, heißt es in dem Video. Oje. Jeden Donnerstag gibt es am Vormittag ein Papa-Café. Frühstücken und Krabbeln für Väter mit ihren Kindern bis zum Alter von zwei Jahren. Morgen ist Donnerstag. Ich will mir das zumindest mal anschauen. Am nächsten Morgen packe ich alles, was wir für einen Vormittag brauchen, zusammen mit Fritzi in den Kinderwagen und wir machen uns auf den Weg. Raus aus Friedrichshain, vorbei am Krankenhaus. Ich erzähle Fritzi, dass sie hier geboren wurde, vor etwa einem halben Jahr. Weiter nach Prenzlauer Berg. Als wir ankommen, sind schon drei andere Väter mit ihren Kindern da. Insgesamt kommen an diesem Vormittag etwa sieben oder acht Väter samt Nachwuchs.

Der Leiter des Väterzentrums heißt uns willkommen. Er stellt mir und einem anderen Vater, der auch zum ersten Mal hier ist, das Väterzentrum kurz vor, zeigt uns die Räume, das Frühstücksbuffet, den Tischkicker und die Carrera-Bahn. Auch Väter interessieren sich eben noch für Fußball und Autorennen. Vater sein, Mann bleiben. Fritzi ist die Jüngste heute. Die meisten Kinder sind etwa ein Jahr alt. Ich bin der jüngste Vater. Alle anderen Väter sind älter als 30. Alle aus Prenzlauer Berg. Alle sind gerade in ihrer zwei-, drei- oder sogar viermonatigen Elternzeit, nachdem zuvor die Mutter in den restlichen der insgesamt 14 möglichen Elternzeitmonate zu Hause war. Ich frage den Leiter, ob er von einem anderen Vater weiß, der wie ich länger als ein paar einzelne Monate mit seinem Kind zu Hause ist. Nein, antwortet er. Aber es sei ungerecht, dass so viel auf die Väter geschimpft werde. Es gebe mittlerweile viele, die erkennen, dass es auch ein Gewinn sein könne, Elternzeit zu nehmen.

Durch die zeitweise Leitung eines kleinen Familienunternehmens erwerbe man(n) Qualifikationen, die dann auch im Beruf hilfreich sein könnten. Es gebe mittlerweile viele Väter, die sich um ihre Kinder kümmern wollten, aber niemand wolle die Mütter völlig aus der Verantwortung nehmen. Die Väter, die hier ins Väterzentrum kämen, seien ja die Guten, die, die sich engagierten. Und oft scheitere es auch an den Müttern, dass Väter sich nicht mehr um ihre Kinder kümmern könnten. Der Leiter des Väterzentrums sagt, es werde in der Öffentlichkeit viel zu schlecht über Väter gesprochen. Er hält mir einen kleinen Vortrag über seine Gedanken zu dem Thema. Fritzi ist völlig damit beschäftigt, den anderen Kindern beim Spielen zuzuschauen. Ich schmiere mir ein Brötchen.

Wie habt ihr die Geburt erlebt?, fragt der Leiter des Väterzentrums in die Runde. In letzter Zeit hätten sich häufiger Väter gemeldet, die mit den Erfahrungen und Erlebnissen während der Geburt völlig überfordert gewesen seien. Das Väterzentrum wolle die Beratung und die Vorbereitung der werdenden Väter auf die Geburt verbessern und sich deshalb unsere Erfahrungen anhören. Die anwesenden Väter berichten von ihren Geburtserlebnissen. Männer haben bei der Geburt die deutlich schwierigere Rolle, ist anfänglich schnell der Konsens. Diese schrecklichen Schmerzen miterleben zu müssen, ohne selbst etwas tun zu können. Und überhaupt: Wie könnte man(n) überhaupt bei der Geburt helfen? Man kann sowieso nur alles falsch machen. Müssten Männer nicht vielleicht dazu ermutigt werden, im Zweifelsfall selbstbewusst zu sagen, dass sie nicht bei der Geburt dabei sein wollen? Ein Vater erzählt, dass seine Frau ihn zwischen ihren Schmerzensschreien bei der Geburt angeschnauzt habe. Dabei wollte er doch nur helfen. Aber dann sei er eben nach Hause gegangen. Hätte ja letztendlich auch ohne ihn funktioniert. Er lacht. Ich versuche irgendetwas zu sagen, dass angesichts der enormen Schmerzen für die Frau durchaus von einem Mann verlangt werden könne, die eigenen Bedürfnisse und Befindlichkeiten für ein paar Stunden hintanzustellen. Zumindest ein oder zwei Väter sowie der Leiter des Väterzentrums nicken nachdenklich zustimmend. Damit ist das Gespräch darüber beendet. Niemand sonst traut sich nach meiner Intervention noch von seinen Erfahrungen und Gedanken zur Geburt zu erzählen. Während Fritzi weiter die anderen Kinder beobachtet, führe ich noch ein paar Vätergespräche. Darüber, was unsere Kinder schon alles können. Und was sie mal werden sollen. Ich versuche, noch ein paar Müttergespräche zu führen. Über Überforderung. Übers Durchschlafen. Über Babybreie. Und Kindergartenplätze. Für all das ist bei uns die Mutti zuständig, bekomme ich als Antwort. Ich wechsele Fritzi noch schnell die Windel, trage mich für den Newsletter des Väterzentrums ein und dann machen wir uns wieder auf den Weg nach Hause. Es steht uns ein langer Winter bevor. Vielleicht kommen wir sogar nochmal wieder. Wenigstens gibt es zu Hause was zu erzählen. Wenn es jemanden zu Hause gäbe, der oder dem wir das Ganze erzählen könnten.

Kleinkindabteil

Fritzi und ich fahren von Berlin aus mit dem Zug zu meinen Eltern nach Hessen. November. ICE. Kleinkindabteil. Ich bin nicht die einzige Mutter mit Kind hier. Fritzi ist mittlerweile sieben Monate alt, Hannah, das andere Kind im Abteil, gerade drei Monate. Es ist Hannahs erste große Bahnreise. Hannahs Vater arbeite den ganzen Tag, da könnten die beiden schließlich auch einfach mal zu zweit nach Berlin fahren, um Freunde zu besuchen, erzählt Hannahs Mutter. Nun geht es zurück nach Hause, nach Hildesheim. Die Mutter von Hannah erzählt mir, dass sie sich entschieden habe, nun doch länger zu Hause zu bleiben. Hannah war nicht geplant. Eigentlich wollte sie nur kurz raus aus ihrem Job, er habe ihr Spaß gemacht. Sie habe bei einem Kinderbuchverlag gearbeitet. Ursprünglich wollte sie nach einem halben Jahr in den Job zurückkehren. Nun sei sie erst gar nicht auf der Suche nach einem Kindergarten- oder Kinderkrippenplatz gewesen. Das sei in Hildesheim schließlich nicht so einfach wie in Berlin, und irgendwie könne sie sich jetzt auch gar nicht mehr vorstellen, Hannah mit einem halben Jahr schon alleine zu lassen.

Ich erzähle von meiner kleinen Krise mit Fritzi. Jeder Tag ist gleich. Das Ganze nun schon seit sieben Monaten. Aufwachen. Wickeln. Füttern. Wickeln. Beim Meckern mit den Spielsachen beobachten. Füttern. Spazieren gehen. Und nun auch noch der Herbst. Regen. Sturm. Kälte. Nicht nur mir macht spazieren gehen bei schlechtem Wetter nicht mehr so viel Spaß. Jacke und Mütze anziehen sind auch nicht gerade Fritzis Lieblingsbeschäftigungen. Nach dem Spazierengehen wieder dem Baby beim Spielen zusehen – schon wieder Hunger? Kein Problem, ich hole den Brei aus der Tiefkühltruhe und mache ihn warm. Zwischendurch schläft Fritzi eigentlich jeden Tag noch zwei Mal. Einmal am Vormittag, einmal am Nachmittag. Wenn ich Glück habe, habe ich jeweils eineinhalb Stunden Zeit für mich. Für mich?

Eher: fürs Wäschewaschen. Breinachschub kochen. Selbst frühstücken oder duschen. Wenn ich Pech habe, schläft sie während des Spaziergangs im Kinderwagen. Dann habe ich zwar mehr Ruhe, wenn ich mit ihr einkaufen gehe, zu Hause ist sie dann aber dafür länger wach. Ich möchte mich eigentlich gar nicht beschweren. Ich habe mir meine Rolle so ausgesucht und würde mich jederzeit wieder so entscheiden. Und trotzdem bin ich froh, wenn ich mich demnächst auch mal wieder mit anderen Dingen beschäftigen kann. Wenn ich mit Fritzi zurück bin, muss ich mich endlich intensiv um einen Kitaplatz bemühen. Seit Monaten schiebe ich das schon vor mir her.

Fritzis Windel ist voll. Genau in dem Moment steht die Schaffnerin im Abteil. Ich klemme Fritzi vorsichtig unter meinen Arm und suche in meinem Rucksack nach meinem Ticket und nach einer frischen Windel. Passen Sie auf, wie Sie ihr Kind halten, sagt die Schaffnerin. Sie sorgt sich um die Gesundheit meines Kindes. Mir ist es lieber, Fritzi für eine Minute unbequem unter meinem Arm hängen zu lassen, als nachher ihre kompletten Klamotten wechseln zu müssen, weil die Babykacke aus der Windel läuft. Als ich der Schaffnerin mein Ticket gebe, frage ich mich, ob sie das auch zu einer Mutter gesagt hätte oder ob sie dann darauf vertraut hätte, dass die Mutter schon weiß, wie sie ihr Baby halten kann.

Nachdem die Schaffnerin weitergezogen und Fritzis Hintern wieder sauber ist, versuche ich an das Gespräch zuvor anzuknüpfen. Die Fortsetzung meines Krisenberichts beantwortet Hannahs Mutter schließlich mit einem müden Lächeln und packt dabei ihre linke Brust aus. Hannah hat Hunger. Hannahs Mutter wird wahrscheinlich die nächsten eineinhalb Jahre mit dem Kind zu Hause bleiben. Kurz vor Hildesheim klingelt ihr Telefon. Eine befreundete Mutter fragt nach der genauen Ankunftszeit des Zuges. Sie und ihr Sohn, wenige Monate älter als Hannah, möchten die beiden am Bahnhof abholen. Die beiden Mütter wollen mit ihren Kindern im Kinderwagen vom Bahnhof zusammen nach Hause spazieren. Was macht man/frau/mutter auch sonst den ganzen lieben langen Tag?

Als wir angekommen sind, stelle ich Fritzi meine Familie vor. Meine Eltern kennt sie bereits, die haben uns schon in Berlin besucht. Ich zeige Fritzi, wo ich herkomme. Wir spazieren durch meine Heimatstadt, die schon längst nicht mehr meine Heimatstadt ist und die es auch höchstwahrscheinlich nie wieder werden wird. Für Fritzi wird es die Stadt werden, in der sie ein paar Mal im Jahr ihre Großeltern besucht.

Fünf Tage später fahren wir zurück nach Berlin. Wieder im Kleinkindabteil. Wieder sitzt neben uns eine andere Mutter mit ihrem Kind. Noah, vier Monate. Die beiden waren zu Besuch bei Noahs Tante auf dem Bauernhof. Auch Noahs Mutter wollte ursprünglich nicht so lange zu Hause bleiben. Ihr Job habe ihr Spaß gemacht. Politische Arbeit. Es war mehr als nur ein Job, es war vielmehr eine Berufung. Irgendwas mit Gentechnik. Nun bleibe sie aber doch länger zu Hause. In Hannover sei das nicht so einfach mit den Kindergartenplätzen. Sie habe sich bei allen 21 Kindergärten in der Stadt beworben und müsse nun warten, was passiert. Alle nehmen aber sowieso nur Kinder, die mindestens eineinhalb Jahre alt sind. Der Vater von Noah habe auch nicht so richtig Lust, sich mal ein paar Monate um seinen Sohn zu kümmern. Eigentlich sei sie nun aber gar nicht so unglücklich darüber, selbst länger zu Hause zu bleiben.

Sie könne sich jetzt auch gar nicht mehr vorstellen, Noah mit einem halben Jahr schon alleine zu lassen. Auch ihr erzähle ich kurz von meiner Krise. Dann steigen wir in Kassel um, bevor sie ihre Brüste auspackt.

Wochenende

Samstag. Die Nacht mit Fritzi ist anstrengend. Sie schläft unruhig, mit häufigen Unterbrechungen und mit viel Weinen. Und Schreien. Irgendwo lese ich, dass es erst Sinn macht mit der Erziehung anzufangen, wenn das Kind ein Jahr alt ist. Vorher führt jeder erzieherische Anspruch nur zu einer Überforderung für das Baby. Mir hilft diese Information, um meine eigenen Erwartungen herunterzuschrauben und damit uns beide nicht zu überfordern. Ich kann nicht erwarten, dass Fritzi versteht, dass ich auch gerne etwas schlafen würde. Ich weiß ganz genau, dass sie mich mit ihrem nächtlichen Weinen nicht ärgern will. Und ich weiß, dass es keinen Sinn macht, mir Gedanken darüber zu machen, ob ich sie zu sehr verwöhne oder ob sie lernen müsste, dass sie mich nicht herumkommandieren kann. In dieser Nacht halte ich Fritzi viel im Arm. Ich lege sie auf meinen Bauch und versuche, sie so gut ich kann zu trösten, wenn sie aufwacht und weint. Das bedeutet natürlich nicht, dass ich meine eigenen Bedürfnisse völlig vernachlässigen möchte. Und auch nicht, dass ich immer sofort aufspringe, wenn Fritzi nach mir schreit. Ich kann in Ruhe zwei Minuten im Bett sitzen, um einigermaßen wach zu werden, bevor ich in die Küche gehe und in Ruhe ihre Milch anrühre, während sie in ihrem Bett schreit. Als ich nach getrunkener

Milch eine kleine Pause von dem Schreien brauche, lege ich sie sicher in ihr Bett und gehe ins Nebenzimmer, mache die Tür zu und trinke einen Schluck Wasser.

Am Morgen grinst mich Fritzi an. Ich taste mit meinem Finger in ihrem Mund. Sie bekommt ihren ersten Zahn, der Übeltäter für die unruhige Nacht ist gefunden. Wie fast jeden Tag gehe ich mit ihr eine Runde spazieren. Als wir am Spielplatz vorbeikommen, treffe ich Julian und seine Mutter. Julian ist zwei Wochen älter als Fritzi, er wohnt zusammen mit seinen Eltern bei uns um die Ecke. Ich erzähle Julians Mutter von meiner anstrengenden Nacht. Auch ihre Nacht war kurz. Ich erzähle ihr, dass Fritzis Mutter nachher vorbeikommt, Fritzi übernimmt und ich dann frei habe, um mich auszuruhen. Julians Mutter sagt, dass sie seit Julians Geburt noch keinen Abend frei hatte und dass sie so gerne mal wieder die Möglichkeit hätte, einen Abend wegzugehen. Dass sie gerne mal wieder ein Glas Wein trinken würde.

Fritzis Mutter kommt am frühen Nachmittag vorbei. Sie ist verkatert, weil sie die halbe Nacht unterwegs war. Mit Holger, den sie kennengelernt hat, als Fritzi und ich in Hessen waren. Wir verbringen den Nachmittag zusammen. Wir spielen mit Fritzi und reden nicht viel. Wir kochen ihren Brei. Wir funktionieren.

Abends nimmt Fritzis Mutter Fritzi mit zu sich. Es ist mein freier Abend. Sonntag um 14 Uhr kommen die beiden zurück. Ich muss die Zeit nutzen. Von einigen anderen Müttern mit Babys in einem ähnlichen Alter wie Fritzi weiß ich, dass sie – wie Julians Mutter – nach der Geburt noch nie die Möglichkeit hatten, abends auszugehen. Alkohol zu trinken. Durchzuschlafen. Haupthindernis: Stillen und Väter. Meine alte WG feiert eine große Party. Ich ziehe mich um, Fritzis Sabber- und Breiflecken sind überall. Beim Späti kaufe ich eine große Cola. Mein Leben mit Fritzi sieht es nicht vor, länger als bis um 23 Uhr wach zu bleiben. Als ich von zu Hause losgehe, bin ich schon müde. Bei der Party ist noch nicht viel los. Nachdem ich die Cola ausgetrunken habe, trinke ich Bier. An meinen letzten freien Abenden habe ich nie lange durchgehalten. Heute möchte ich etwas länger bleiben. Alle fragen mich nach Fritzi. Ist ja auch ihre alte WG. Ich erzähle, dass jeder Tag gleich ist. Und natürlich trotzdem immer irgendwas passiert. Ich erzähle von Fritzis erstem Zahn und von ihrer neuesten Macke, sich an allen Möbelstücken hochzuziehen. Sie zieht sich am Regal, am Stuhl, am Wohnzimmertisch hoch und steht. Sie steht und lacht. Sie ist stolz auf sich. Sie freut sich über die neue Perspektive, die Welt zu betrachten. Sie steht, bis sie das Gleichgewicht nicht mehr halten kann oder die Kraft in ihren Beinen nicht mehr reicht. Dann fällt sie um. Hin und wieder auch auf den Kopf. Das wird dann wohl nichts mehr mit dem Abitur, sage ich und lache. Es nervt mich selbst, immer nur von Fritzi zu erzählen. Die Wohnung füllt sich. Ich versuche Leute kennenzulernen. Vor Fritzis Geburt war das selten ein Problem. Jetzt bin ich auch noch dick geworden. Denke ich zumindest. Noch vor einem Jahr bin ich täglich eine halbe Stunde mit dem Fahrrad zur Arbeit und zurück gefahren. Jetzt schiebe ich nur noch den Kinderwagen durch die Straßen. Ich trinke weiter Bier und unterhalte mich mit vielen Leuten. Nie lange. Ich möchte nicht von Fritzi erzählen. Ich merke kaum, dass es schon wieder leerer wird. Einige gehen noch auf eine andere Party. Ich bin zu betrunken. Irgendwann bin ich der Letzte.

Ich gehe. Allein. Um sieben Uhr morgens bin ich zu Hause. Um 14 Uhr kommen Fritzi und ihre Mutter.

Fritzis Mutter und ich treffen uns immer sonntags. Das Leben mit Fritzi erfordert einiges an Planung. Am Sonntag planen wir die kommende Woche, es geht vor allem um die Abende. Tagsüber bin ich mit Fritzi unter der Woche fast komplett alleine. Fritzis Mutter geht arbeiten. Sie bekommt drei freie Abende pro Woche. Darunter meist einer am Wochenende. Ich bekomme einen freien Abend. Meist auch am Wochenende. Ein freier Abend am Wochenende beginnt für mich jeweils um 18 Uhr und endet am nächsten Tag um 14 Uhr. An einem Abend pro Woche versuchen wir eine Freundin oder einen Freund zum Babysitten einzuladen, für drei oder vier Stunden. Dann gehe ich mit Fritzis Mutter essen. Es dauert immer etwas, bis wir nicht mehr die ganze Zeit an Fritzi denken müssen. Dann fühlt es sich für ein oder zwei Stunden toll an. Wir sind ein glückliches Paar. Für kurze Zeit ungezwungen und ohne Verpflichtungen. Die restlichen beiden Abende der Woche – darunter der Sonntag für die Planung der kommenden Woche – verbringen wir als Familie zusammen. Bei Fritzi und mir zu Hause. Ich liebe diese Sonntage. Wir sind wie eine richtige kleine Familie.

Freunde

In meinem engeren Freundeskreis bin ich der Erste mit Kind. Bei Fritzis Mutter ist das ähnlich. Ich versuche dennoch den Kontakt zu meinen Freundinnen und Freunden zu halten. Das ist oft nicht einfach. Mein Tagesablauf unterscheidet sich komplett von dem meiner Freunde. Unter der Woche gelingt es mir nur selten, Freunde zu mir einzuladen. Zum gemeinsamen Kochen. Zum Spazierengehen. Für mich ist es eine Entlastung. Für eine kurze Zeit bin ich nicht mit Fritzi alleine. Ich kann mir in Ruhe ein Brot schmieren oder ihre nächste Milch anrühren, ich kann ihren Brei kochen. Im Supermarkt sieht der Babybrei selten lecker aus; ihn selbst zu kochen ist auch günstiger. Fritzis erste feste Nahrung ist Kürbis, dann kommen Kartoffeln hinzu, bald drauf gibt es Karotten. Mit Kartoffeln. Später Brokkoli. Fritzi schmeckt es. Sie ist Vegetarierin. Ich esse seit zehn Jahren kein Fleisch. Auch Fritzis Mutter ist Vegetarierin. Ihre Frauenärztin hat sich deshalb während der gesamten Schwangerschaft Sorgen gemacht. Der Eisenwert von Fritzis Mutter war immer nur ganz knapp in Ordnung. Als wir nach der Geburt zur Frauenarztpraxis gingen, um Fritzi vorzustellen, kam die Frauenärztin auf uns zu. Bevor sie Fritzi und uns begrüßte, fragte sie nach dem Eisenwert von Fritzis Mutter. Fritzis Oma fragt uns, was wir machen, wenn Fritzi unbedingt mal ein Schnitzel essen möchte. Bis Fritzi wirklich ein Schnitzel essen kann, dauert es zum Glück noch etwas. Fritzis Oma freut sich schon heute darauf, Fritzi ihr erstes Schnitzel zu machen. Wir werden es ihr sicherlich nicht verbieten. Von mir bekommt sie Gemüse.

Die Freundinnen und Freunde, die mich besuchen, reagieren unterschiedlich auf Fritzi. Einige nehmen sofort Kontakt zu ihr auf, wollen sie auf den Arm nehmen und mit ihr spielen. Andere können mit dem Baby eher weniger anfangen und schauen lieber von Weitem zu. Fritzi findet Besuch immer toll. Hauptsache, es ist was los. Mit mir alleine zu Hause ist es schon manchmal langweilig. Hin und wieder kommt auch abends Besuch. Wenn Fritzi schläft, sitzen wir im Wohnzimmer und trinken Bier. Wenn mein Besuch noch zu einer Party loszieht, gehe ich ins Bett.

Am Wochenende nach der großen Party in meiner alten WG habe ich wieder am Freitag frei. Ich treffe mich mit einigen Freunden. Darunter Robert. Wir trinken Bier. Und Wodka. Am nächsten Tag fahren Fritzi und ich nachmittags zu Melinas Geburtstagsfeier. Melina wird zwei Jahre alt. Sie wohnt mit ihren Eltern in Köpenick. Als Familie wollen sie im Grünen wohnen. Als ich ankomme, sehe ich kein Grün. Mittlerweile bereuen sie, an den Stadtrand gezogen zu sein. Bei dem Kindergeburtstag sind einige andere Mütter mit ihren Kindern. Einen Kater vom Vorabend hat außer mir keine andere Mutter. Ich bleibe nicht lange. Am Abend gehe ich – wie Fritzi – früh ins Bett. Dann ist wieder Sonntag. Familientag. Fritzis Mutter hat sich am Abend zuvor wieder mit Holger getroffen. Wir reden. Über Holger. Über unsere Beziehung. Unsere Bedürfnisse. Es ist kein romantischer Sonntag. Als wir schlafen gehen, bin ich dennoch glücklich, mit Fritzis Mutter zusammen zu sein. Ich bin glücklich über unsere Beziehung, auch wenn es nicht immer einfach ist.

Hin und wieder laden Fritzis Mutter und ich alle unsere Freundinnen und Freunde zu einer kleinen Party ein. Zu Fritzi und mir nach Hause. Die Resonanz ist unterschiedlich. Es ist eigentlich auch eher ein Abendessen als eine Party – obwohl es sich im Winter, wenn es schon um 17 Uhr dunkel wird, schon hin und wieder nach einer richtigen Party anfühlen kann. Mit genügend Alkohol und der passenden frühen Dunkelheit ist es dann um 22 Uhr schon richtig spät und Zeit, von einer schönen Party nach Hause zu gehen.

Zumindest manchmal werde ich auch immer noch spontan abends eingeladen, zum Bier trinken oder zum Rumhängen. Nicht alle Freunde haben mich vergessen. Das liegt auch daran, dass ich es hin und wieder schaffe, auch mit Fritzi abends unterwegs zu sein. Ich nehme sie mit. Sie darf dann länger aufbleiben. Sie findet Partys toll. Fritzi mag es, Leute zu beobachten, Gespräche mitzuhören und bei allen auf dem Arm herumzuklettern. Am nächsten Wochenende nehme ich Fritzi mit zu einer Geburtstagsparty. Sie ist lange wach und aufgedreht wegen der vielen Leute. Sie freut sich. Viele Gäste verlieben sich in sie, Fritzi kann sehr charmant sein. Sie lächelt viel. Irgendwann wird sie endlich müde. Ich schaffe es, sie im Nebenzimmer schlafen zu legen. Durch die vielen Stimmen und die Musik, die sie auch im Nebenzimmer hört, wacht sie schnell wieder auf. Nun machen ihr die vielen Leute nicht mehr so viel Spaß. Sie weint. Sie will nach Hause. In ihr Bett. Sie will ihre Ruhe haben. Während ich mich anziehe, alle Sachen zusammensuche und Fritzi zwischenzeitlich alle anschreit, die versuchen, sie zu beruhigen, höre ich, wie sich einige Geburtstagsgäste darüber unterhalten, sich durch Fritzis lautes Weinen in ihrer bisherigen Entscheidung gegen eigene Kinder bestätigt zu fühlen. Als wir zur Tür raus sind, ist Fritzi wieder ruhig. Ich gehe mit meinem kleinen Baby gegen 23 Uhr durch die Straßen Berlins nach Hause. Die Leute auf der Straße sind auf dem Weg zu Konzerten, zu Partys, in Clubs. Sie schauen uns komisch an. Als wir zu Hause ankommen, schläft Fritzi sofort wieder ein.

Kindergarten

Wir kümmern uns viel zu spät um einen Kindergartenplatz für Fritzi. Mit Fritzis Geburt hat sich so viel verändert. Ständig war irgendetwas wichtiger, spannender und interessanter, als bei Kindergärten anzurufen und zu Besichtigungsterminen zu gehen. Bei unserem ersten Kitabesichtigungstermin ist Fritzi sieben Monate alt. Fritzis Mutter hat frei, wir gehen zusammen hin. Fritzi, Fritzis Mutter und ich. Massenbesichtigung. Etwa 40 Eltern sitzen auf Holzbänken. Eigentlich sind noch gar nicht alle der Anwesenden Eltern. Viele der Kinder, für die nach einem Kindergartenplatz gesucht wird, befinden sich noch im Bauch ihrer Mütter. Die Leiterin erzählt ein paar Anekdoten aus ihrer bisher über 20-jährigen Erfahrung als Kitaleiterin. Und dazu Geschichten aus dem Kitaalltag der Deutschen Demokratischen Republik. Wir lassen uns auf die Warteliste eintragen. Eine Woche später nächster Termin. Nächster Kindergarten. Nächste Massenbesichtigung. Ich bin mit Fritzi dort, dieses Mal ohne Fritzis Mutter. Eine Frau, die der Leiterin der vorherigen Kita erstaunlich ähnlich sieht, erzählt, dass sie die Leitung des Kindergartens kurz nach der Wende übernommen hat. Wir lassen uns auf die Warteliste eintragen. Beim Rausgehen treffe ich Julian und seine Eltern. Julians Mutter hat sich schon vor etwa einem halben Jahr hier in der Kita beworben. Julian hat einen Platz sicher. Julian hat auch in anderen Kitas einen Platz sicher. Seine Mutter war bei mehr als zehn Besichtigungsterminen. Der Kindergarten hier ist in der engeren Auswahl. Deshalb ist nun auch Julians Vater dabei, er soll letztendlich mitentscheiden. Ich erzähle kurz von meiner bisherigen Kitasuche.

Zwei Tage später klingelt mein Telefon. Julians Mutter. Sie sei gerade in einer Kita, die demnächst neu eröffnet werden soll. Es gibt noch freie Plätze. Sie sagt mir, wie ich die Telefonnummer im Internet finde. Ich rufe sofort an und vereinbare einen Termin. Keine Massenbesichtigung. Die Leiterin ist etwa so alt wie ich. Sie erzählt keine Geschichten von früher. Ich kann einen Platz für Fritzi haben, sofort nach der Eröffnung der Kita. Gleich im nächsten Monat. Zu Hause freue ich mich mit Fritzis Mutter über das wunderbare Verhältnis von Arbeitsaufwand und Ertrag unserer Suche nach einem Kindergartenplatz für Fritzi. Wir beschließen, niemals mehr etwas langfristig zu planen. Irgendwie klappt's trotzdem immer. Ich muss nun nur noch einen Betreuungsgutschein beantragen. Am nächsten Tag bin ich mit allen erforderlichen Unterlagen beim Jugendamt. Die Zuständigkeiten der Sachbearbeiterinnen (alle im Internet aufgelisteten Sachbearbeiterinnen sind Frauen – nur der Leiter der Abteilung ist ein Mann) richten sich nach dem Anfangsbuchstaben des Nachnamens der Mutter des Kindes. Mit einer kleinen Ausnahme. Wenn das Kind beim Vater wohnt, richtet sich die Zuständigkeit nach dem Anfangsbuchstaben des Nachnamens des Vaters. Von der Ausnahme weiß ich nichts, als ich an die Tür klopfe. Die Sachbearbeiterin hinter der Tür fragt mich als Erstes nach dem Nachnamen von Fritzis Mutter. Ich bin richtig, sagt sie. Ich übergebe ihr alle Unterlagen. Irgendwann merkt sie, dass ich bei ihr falsch bin. Weil Fritzi bei mir wohnt. Und Fritzis Mutter nicht bei mir wohnt. Sie schickt mich ins Nebenzimmer. Ich klopfe an die Tür. Die Sachbearbeiterin dort fragt mich als Erstes nach dem Nachnamen von Fritzis Mutter. Ich sei falsch, sagt sie. Ich sage ihr, dass Fritzi bei mir wohnt. Sie fragt mich, ob Fritzis Mutter nicht auch bei uns wohnt. Nein, sage ich. Wirklich? Ja, wirklich! Na gut. Dann sei ich natürlich doch richtig. Alle Unterlagen sind komplett. Sie verspricht mir den Gutschein rechtzeitig zuzusenden, damit Fritzi im Dezember in den Kindergarten gehen kann. Ich bekomme den Gutschein Mitte Dezember. Fritzi kommt also erst im Januar in den Kindergarten. Im Alter von neun Monaten.

Kurz vor Weihnachten müssen wir noch zum Aufnahmegespräch und Kennenlernen im Kindergarten. Fritzis Mutter sieht den Kindergarten zum ersten Mal. Auf dem Weg zum Aufnahmegespräch bin ich ganz aufgeregt. Jetzt wird es ernst. Fritzi kommt in den Kindergarten. Ich freue mich sehr darauf, wieder mehr Zeit für mich zu haben. Ich bin gespannt, wie ich damit zurechtkomme, Fritzi abzugeben. Ich hatte in den letzten Monaten eine intensive Zeit mit ihr. Ich habe hautnah miterlebt, wie sie größer wurde. Wie sie gelernt hat, durch mein Wohnzimmer zu krabbeln. Habe ihr ihren ersten Brei gegeben. Sie hat mich über viele Monate fast jeden Mittag nach ihrem Mittagsschlaf angelächelt, wenn ich ins Schlafzimmer kam, um sie aus ihrem Bett zu holen. Fritzis Mutter lacht mich aus, weil ich so aufgeregt bin.

Bei dem Aufnahmegespräch geht es darum, wie viel Kleidung wir mitbringen sollen, was wir beachten müssen, wenn Fritzi krank ist, und was es zu Essen gibt. Die Leiterin des Kindergartens fragt, wer von uns mit Fritzi die Eingewöhnung in den ersten Wochen macht. Ich. Sie ist überrascht, obwohl bisher alles über mich gelaufen ist. Obwohl ich beim Besichtigungstermin da war. Obwohl ich den Kindergartenvertrag unterschrieben habe. Obwohl ich mit ihr telefoniert und gemailt hatte. Fritzis Mutter sieht sie heute zum ersten Mal. Wir erzählen ihr noch, dass wir auch nicht zusammenwohnen, sondern dass Fritzi bei mir wohnt. Sie fragt, ob Fritzis Mutter auch wirklich Fritzis Mutter sei. Komisch. So etwas habe sie noch nie erlebt, sagt sie. Auf dem Weg nach Hause bin ich wieder aufgeregt. Wie wird das erst, wenn Fritzis erster regulärer Kindergartentag ansteht? Ich habe mir den Tag im Januar dick im Kalender angestrichen.

Weihnachten

Weihnachten. Das erste Weihnachten mit Fritzi. Wir bleiben in Berlin. Ich war mit Fritzi im November schon bei meinen Eltern in Hessen, so können wir uns um einen Urlaub bei diesen Großeltern über Weihnachten herumdrücken. Die Eltern von Fritzis Mutter kommen uns am Sonntag nach Weihnachten besuchen. Also: Weihnachten in Berlin. Fritzi, Fritzis Mutter und ich. Endlich ein paar ruhige Tage hintereinander als Familie. Vor Weihnachten ist noch viel zu erledigen. Kurz vor Weihnachten wird Fritzi dann auch noch für ein paar Tage krank, zum ersten Mal in ihrem Leben. Vor allem bedeutet das für mich wenig Schlaf. Fritzis Mutter ist in der Zeit wegen ihrer Arbeit nicht in Berlin.

Ich freue mich sehr auf die ruhigen Feiertage. Zu dritt. Meine kleine Familie. Leckeres Essen. Wenn Fritzi schläft, endlich wieder einmal Zeit zu zweit. Halt. Stopp. Zu hohe Erwartungen. Sind es nicht diese hohen Erwartungen, an denen Weihnachten in vielen Familien scheitert? Weil sich am Ende doch alle streiten. Weil man nach einem halben Tag merkt, warum man nicht mehr in derselben Stadt wohnt wie die eigenen Eltern. Weil es einen Grund dafür gibt, warum man nicht so oft als Familie zusammenkommt.

Weil Familie eben doch eine erzwungene Gemeinschaft ist und nicht gleichbedeutend mit Freundschaft. Also: Erwartungen zurückschrauben. Leute einladen. Am Ende wird es ein fast ganz normaler Abend. Wir kochen, essen, trinken Bier. Bei Fritzi und mir zu Hause, zu sechst. Auch andere unserer Freundinnen und Freunde fahren über Weihnachten nicht zu ihren Eltern. Fritzi darf etwas länger aufbleiben. Sie freut sich über den Besuch. Am nächsten Tag: Spazieren gehen. Fernsehen. Weihnachten? Wer braucht das schon? Und am Ende gibt es nicht einmal Streit. Es ist klar, dass Fritzi auch in Zukunft bei uns ohne Weihnachtsbaum, ohne Weihnachtsmann, ohne Weihnachtslieder und auch ohne Christkind auskommen muss. Was macht Weihnachten für Kinder so zauberhaft und besonders? Das Zusammensein als Familie? Natürlich haben auch Kinder das Bedürfnis nach gemeinsam verbrachter Zeit in einer festen Bezugsgruppe. Für Fritzi sind das ihre Mutter und ich. Fritzi wird viel Zeit mit uns verbringen. Weder Fritzis Mutter noch ich haben vor, jemals in unserem Leben 40 Stunden pro Woche zu arbeiten. Wir wohnen zwar nicht zusammen, aber solange wir uns verstehen, werden wir auch immer wieder gezielt Zeit gemeinsam verbringen. Als Familie.

Nach Weihnachten verbringen wir noch ein paar freie Tage zusammen. Kurz nach Fritzis Geburt haben wir ein Fotoalbum angefangen. Mit Fotos von Fritzi und von uns. Dann verging die Zeit so schnell und es war immer irgendwas wichtiger, sodass wir seitdem nicht mehr so viele Seiten gefüllt haben. Nun kommen wir endlich mal wieder dazu, ein paar Bilder einzukleben. Silvester. Wir feiern zu dritt und gehen früh ins Bett. Vor zwölf. Um zwölf wird Fritzi von den Raketen und Böllern wach. Ein neues Jahr.

Ein paar Tage später ist Fritzis erster Kindergartentag. Ich bin sehr aufgeregt. Es liegt Schnee. Hoher Schnee. Zumindest für Berliner Verhältnisse. Ich kämpfe mich mit dem Kinderwagen durch die Straßen. Teilweise ist der Gehweg exakt in der Breite des Kinderwagens geräumt. Entgegenkommende müssen in den typischen braunen Berliner Schneematsch ausweichen. Um diese Uhrzeit sind vor allem andere Mütter mit Kinderwagen sowie ältere Menschen unterwegs. Heute begegnen mir zwei ältere Frauen mit Rollatoren. Ich versuche den Kinderwagen irgendwie in den hohen Schnee zu heben. Die älteren Frauen schieben sich freudestrahlend an mir vorbei und bedanken sich wortreich. So ein süßes Kind. So ein netter Vater. Im Kindergarten ist alles ganz unspektakulär. Ich gehe mit Fritzi in die Kita und eine Stunde später gehen wir auch schon wieder nach Hause. Nach zwei weiteren kurzen Eingewöhnungstagen ist Fritzi krank. In der darauffolgenden Woche geht die Eingewöhnung weiter. Wieder ein paar kurze Tage in der Kita. Ich entferne mich zum ersten Mal und lasse Fritzi alleine in der Kita. Ich sitze in einem Café um die Ecke. Als ich nach einer Dreiviertelstunde zurückkomme, sieht Fritzi auf dem Arm der Erzieherin nicht sehr glücklich aus. Auf dem Weg nach Hause beginnt sie wieder zu husten. Schließlich sind wir am Ende ihrer zweiten Kindergartenwoche alle krank. Fritzi, Fritzis Mutter und ich. Wir schleppen uns durch ein paar sehr anstrengende Tage. Erst kümmert sich Fritzis Mutter um uns, weil es ihr anfangs nicht ganz so schlecht geht. Als es mir wieder etwas besser geht, kümmere ich mich um die beiden. Eingewöhnung im Kindergarten bedeutet auch Gewöhnung an viele kleine Rotznasen.

Elternabend

Einen Monat nach unserem ersten Kindergartentag ist unser erster Elternabend. Im Kindergarten herrscht Chaos. Zwei Erzieherinnen haben gekündigt, es gab Streit im Team. Stress mit der Leiterin. Die Leiterin ist an diesem Tag krank. Ich kann die beiden gut verstehen. Drei Monate vor Fritzis Geburt habe ich meinen Job auch gekündigt. Stress mit der Leitung. Lieber kündigen als krank werden. Erzieherinnen in Kindergärten sind auch nur Angestellte, mit ganz normalen Arbeitsverträgen und natürlich mit dem Recht zu kündigen. Auch wenn sich die Kinder gerade an sie gewöhnt haben. Auch wenn dann erst einmal die Eltern von 20 Kindern nicht mehr wissen, wie es weitergeht.

Diese Eltern sitzen beim Elternabend alle um den niedrigen Tisch auf den kleinen Kinderstühlen, auf denen ansonsten die Kinder ihr Mittagessen im gesamten Gesicht und auf der Kleidung verteilen. Es sind auch einige Väter hier. Ich war anfangs überrascht, dass dann doch ein paar Väter mit ihren Kindern die Eingewöhnung gemacht haben. Die Erklärung dafür ist aber einfach. Nachdem die Mutter zwölf Monate mit dem Kind alleine zu Hause war, nimmt der Vater die beiden sogenannten Vätermonate und nutzt sie dazu, das Kind im Kindergarten einzugewöhnen. Sehr praktisch für viele Väter. Beim Elternabend sind einige Eltern wütend. Helenas Vater sagt, dass er eigentlich in der folgenden Woche schon wieder arbeiten müsse. Seine zwei Monate Elternzeit seien vorüber und er habe seinen Chef nur mit sehr viel Mühe überzeugen können, noch eine Woche Urlaub dranhängen zu können, weil es mit der Eingewöhnung seiner Tochter wegen des ganzen Chaos noch nicht so funktioniert. Der Chef sei wenig begeistert gewesen. Natürlich. Sagt Helenas Vater. Tims Vater sagt, er habe schon ganz zu Beginn darauf hingewiesen, dass es irgendwann zwischen der Leiterin und den Erzieherinnen krachen würde. Warum nicht schon viel früher etwas dagegen unternommen worden sei, fragt er. Er habe es von Anfang an gewusst. Konstantins Vater sagt, dass er Erfahrung in der Auswahl von Bewerberinnen habe und er genau wisse, wie möglichst schnell neue Erzieherinnen eingestellt werden könnten und worauf zu achten sei, damit sich die Probleme mit der Leitung in Zukunft vermeiden ließen. Die fünf anwesenden Väter beanspruchen etwa ebenso viel Redezeit wie die 15 anwesenden Mütter. Ich sage erst einmal nichts. Nachdem sich die Aufregung etwas gelegt hat, ist klar, dass die Betreuung der Kinder auch weiterhin gewährleistet ist, auch wenn die beiden Erzieherinnen einen Tag nach dem Elternabend ihren letzten Arbeitstag haben. Die bisherige Leiterin werde auch nicht wiederkommen. Erzieherinnen aus anderen Kitas des Trägers helfen für eine gewisse Zeit aus. Nun müssten die Eltern dennoch auch etwas Verständnis dafür zeigen, dass die Eingewöhnung einiger Kinder natürlich noch etwas länger dauern könne, weil sie sich an neue Bezugspersonen gewöhnen müssten. Den Kindergarten gibt es ja erst seit zwei Monaten, es sind also noch viele Kinder in der Eingewöhnung. Auch Fritzi.

Ich habe keinen Druck, schon in wenigen Wochen wieder arbeiten gehen zu müssen, schließlich habe ich meinen Job ja vor Fritzis Geburt gekündigt. Ein paar Tage vor dem Elternabend hatte ich sogar schon ein konkretes spannendes Jobangebot, habe es aber abgelehnt. Wahrscheinlich hätte es für den Job trotz Chaos im Kindergarten sogar mit der Eingewöhnung noch rechtzeitig geklappt. Ich hätte dann aber schon einige Zeit vor Ende meiner Elternzeit wieder arbeiten müssen. Ich möchte lieber noch weiter viel Zeit mit Fritzi verbringen. Ich möchte sie früher vom Kindergarten abholen. Ich möchte mit ihr in den Urlaub fahren. Und mir erst so spät wie möglich wieder Gedanken darüber machen, wie ich nach der Elternzeit unseren Lebensunterhalt verdiene.

Beim Elternabend geht es schließlich noch um die Wahl der Elternvertretung. Die drei oben beschriebenen Väter möchten gerne Elternvertreter werden. Als alle Eltern nochmal zusammen überlegen, was eigentlich die Aufgabe der Elternvertretung sein soll und dass im Moment aufgrund der Umstände durchaus etwas mehr Engagement gefragt ist als sonst, merken die drei Väter, dass sie ja schon bald wieder in Vollzeit arbeiten und deshalb gar keine Zeit dafür haben. Der Chef ist ja sowieso schon nicht begeistert über die zusätzliche Woche. Es finden sich zwei Mütter als Elternvertreterinnen. Vielleicht noch eine dritte Person? Ich sage, dass ich auch viel Zeit habe. Noch zwei Monate Elternzeit. Für die Zeit danach habe ich erst einmal auch noch keinen Plan. Alle lachen. Ich bin gewählt.

Am folgenden Freitag gehe ich feiern. Einweihungsparty vom Freund einer Freundin. Ich trinke viel. Als es hell wird, beschließen wir, noch in einen Club weiterzuziehen. Dort treffen wir Moritz, der damals dabei war, als meine Eltern erfuhren, dass sie Großeltern werden würden. Er erzählt mir, dass er stolz sei, bei diesem historischen Moment dabei gewesen zu sein. Die Sonne scheint. Wir verlassen zu dritt den Club. Lisa, Moritz und ich. Es ist überraschend warm für diese Jahreszeit. Wir kaufen uns irgendwo noch drei Bier und setzen uns auf den Boxi. Boxhagener Platz. Samstag. Spielplatz. Wochenmarkt. Wir sitzen betrunken auf dem Rasen. Um uns herum viele ausgeschlafene oder weniger ausgeschlafene Familien. Irgendwann stehe ich auf, um nach Hause zu gehen. Ich habe nicht mehr allzu viele Stunden, bis Fritzi und ihre Mutter wieder bei mir auftauchen. Als ich mit meiner halbvollen Bierflasche am Spielplatz vorbeikomme, stehen plötzlich Helenas Eltern vor mir. Helena sitzt im Kinderwagen. Wo ist Fritzi?, fragt Helenas Vater. Ich kann kaum geradeaus gucken, geschweige denn auf eine solch komplexe Frage antworten. Stattdessen muss ich dämlich grinsen. Helenas Eltern merken, dass mit mir kein vernünftiges Gespräch möglich ist, wünschen mir noch viel Spaß und gehen weiter.

Überforderung

Die neuen Erzieherinnen in der Kita schwärmen von Fritzi. Sie sei so interessiert. So fröhlich. Immer. Ich freue mich. Ich freue mich für Fritzi. Zu Hause ist sie nicht immer so fröhlich. Fritzis Mutter ist krank, sie kommt deshalb für zwei Wochen seltener bei uns vorbei. Fritzi ist nach der Eingewöhnung und durch den kalten Winter gesundheitlich immer noch etwas angeschlagen und soll von ihrer fiebernden Mutter nicht die nächste Krankheit abbekommen. Ich bin daher noch mehr mit Fritzi alleine zu Hause. Damit sich Fritzi richtig erholt, bringe ich sie für ein paar Tage auch nicht in den Kindergarten. Es ist Winter. Es ist kalt. Es schneit. Ich versuche trotzdem, mit Fritzi spazieren zu gehen. Ich gehe mit Fritzi in alle Eltern-Kind-Cafés unseres Kiezes. Ich besuche mit Fritzi ein paar Freunde. Und ich bin mit Fritzi viel in unserer Wohnung. Sie ist mittlerweile kein kleines Baby mehr, das nur auf seiner

Decke liegt und auf die nächste Milchflasche wartet. Sie ist mobil. Sie krabbelt durch die Wohnung. Sie zieht sich an den Möbeln hoch und läuft am Sofa und am Regal entlang und um alle Stühle herum. Sie trinkt nicht mehr, wenn ich möchte, dass sie trinkt. Sie trinkt, wenn sie möchte. Sie isst, was sie essen möchte. Manches möchte sie einfach nicht essen. Durch ihre Erkältung schläft sie nachts nicht gut. Ich bin seit einer Woche jede Nacht mit ihr alleine und nach so vielen unruhigen Nächten ziemlich erschöpft. Nach unserem Vormittagsspaziergang versuche ich, Fritzi etwas zu trinken zu geben. Sie möchte nicht und fängt stattdessen an zu schreien. Sie schreit und hört nicht mehr auf. Sie schreit, wenn ich versuche, ihr etwas zu essen zu geben. Sie schreit, wenn ich versuche, sie zum Mittagsschlaf hinzulegen. Sie ist zwar kein kleines Baby mehr, sie kann aber auch noch nicht sprechen und deutlich sagen, was sie möchte. Seit ein paar Wochen spricht sie genau ein Wort: Mama. Meistens klingt es eher nach Mamam. Wäre ich Fritzis Mama, würde ich mir nun vielleicht einreden, sie meinte mich. Ihre Mama. Und noch in zwanzig Jahren erzählen, dass Fritzis erstes Wort Mama gewesen sei. Fritzis Mamam hat allerdings wenig mit ihrer Mutter zu tun. Mamam ist das Universalwort für alles. Ich bin Mamam. Essen ist Mamam. Alles ist Mamam. Oft verstehe ich trotzdem, was sie gerade möchte. Heute nicht. Sie schreit. Ich bin überfordert. Ich weiß nicht mehr, was ich noch mit ihr machen soll. Auch ich fange an zu weinen. Nicht ganz so laut wie Fritzi. Wir sitzen nebeneinander auf dem Fußboden und uns laufen die Tränen über unsere Wangen. Ich rufe Fritzis Mutter an. Ihr geht es gerade erst wieder besser und eigentlich ist heute ihr erster Arbeitstag nach ihrer Krankheit. Wir verstehen uns am Telefon kaum, weil Fritzi so laut schreit. Ich weine am Telefon und sage ihr, dass sie vorbeikommen muss. Ich kann nicht mehr. Sie sagt ihren Arbeitstermin ab und kommt vorbei. Kurz bevor sie bei uns ist, schaffe ich es endlich, Fritzi zum Schlafen zu bringen. Als Fritzis Mutter zur Tür hereinkommt, liegt Fritzi ruhig in ihrem Bett. Ich sitze weinend auf dem Küchenfußboden. Möglichst weit weg von Fritzi. Am anderen Ende der Wohnung. Für andere Situationen gibt es perfekte Songs. Oft genug saß ich in meinem Leben traurig mit Liebeskummer auf meinem Bett. Mit lauter Musik. Es gibt einen wunderbaren Song von *Bright Eyes*, den ich schon tausendfach in solchen Momenten gehört habe. Warum gibt es so viele Songs über unerwiderte Liebe, aber keine Songs für überforderte Eltern? Ich sitze noch eine Weile auf dem Küchenfußboden und starre ins Leere. Ich weine noch eine halbe Stunde. Nennt man so etwas einen Nervenzusammenbruch? Ich zweifle an meinen Fähigkeiten, eine gute Mutter zu sein. Ich zweifle daran, mit Fritzi in unseren für die nächste Woche geplanten Urlaub fahren zu können. Ich zweifle viel und beruhige mich nur langsam. Ich habe großen Respekt vor allen Müttern, die ihr Kind völlig oder größtenteils alleine großziehen.

Christophers Mutter, die ich häufiger in einem Eltern-Kind-Café treffe, fragt mich eines Tages, ob ich dieses Gefühl der Überforderung mit dem Baby alleine zu Hause kenne. Ich kann sie beruhigen. Ja, sie ist nicht die Einzige, die manchmal überfordert ist und dabei gleichzeitig von einem großen schlechten Gewissen geplagt wird, nicht gut genug für das eigene Kind sorgen zu können. Das Baby manchmal nicht beruhigen zu können. Das Baby manchmal schreien lassen zu müssen. Sie lebt mit ihrem Mann zusammen. Der geht arbeiten und sagt, er könne das gemeinsame

Baby nicht beruhigen. Das schaffe nur die Mutter. Katharinas Vater hat seine Tochter noch nie gewickelt, wenn mehr in der Windel ist als nur ein wenig Babypisse. Er finde den Geruch der Babykacke so eklig. Ich kann auch nicht behaupten, dass Windeln wechseln zu meinen Lieblingsbeschäftigungen gehört. Vor allem dann nicht, wenn nicht nur die Windel betroffen ist, sondern der braune Brei schon auf allen Seiten herausläuft und Fritzi nicht einfach nur ruhig daliegt, sondern mit jeder Bewegung mehr von dem Zeug auf ihrem Körper, ihrem Body, der Wickelunterlage und meinen Fingern verteilt. Mir macht das nichts aus, sagt Katharinas Mutter. Welche andere Wahl hat sie auch? Dass Väter mit ihren Kindern in manchen Situationen etwas unbeholfen agieren, wird gerne verziehen, solange sie zumindest ein wenig engagiert sind. Eine Mutter, die ihr Kind nicht beruhigen kann oder keine Lust hat, ihr Kind zu wickeln, weil sie die Babykacke so eklig findet, ist dagegen in unserer Gesellschaft unvorstellbar. Ich treffe immer wieder solche (zumindest teilweise) alleinerziehenden Mütter, die in keiner Statistik für Alleinerziehende auftauchen, die aber von den Vätern ihrer Kinder mit vielem einfach alleine gelassen werden und die dann manchmal überfordert sind, dem Anspruch an die eigene Mutterrolle gerecht zu werden. Ich habe diese Mutterrolle selbst gewählt. Ich möchte Fritzis Mutter nicht in ihrer Mutterrolle alleine lassen. Bei uns soll das alles anders laufen. Ich möchte es schaffen, für Fritzi da zu sein. Ich möchte nicht nur die schönen Momente mit Fritzi genießen und sobald es schwierig wird Fritzis Mutter anrufen, weil ich nicht mehr weiter weiß. Und ja, manchmal bin ich damit überfordert, diesem Anspruch an meine Mutterrolle gerecht zu werden.

Mallorca

In meiner Zeit als Student bin ich viel durch die Welt gereist. Ich war ein halbes Jahr unterwegs in Südamerika. Ich war für einen Monat in China, habe mir einen Monat lang New York angeschaut, war einen Monat auf Kuba, einen Monat in Mexiko. Dazu viele kleinere Reisen. Zu meinen großen Reisen bin ich immer alleine aufgebrochen. Ich habe es immer genossen, alleine unterwegs zu sein. Auf der ganzen Welt habe ich Menschen kennengelernt. Ich war nirgendwo wirklich einsam.

Nun gibt es dieses Kind in meinem Leben. Fritzi. Bis zum Ende meiner Elternzeit an Fritzis erstem Geburtstag habe ich noch ein paar Wochen Zeit. Danach bin ich arbeitslos, muss Termine bei der Agentur für Arbeit wahrnehmen, mich bewerben und womöglich irgendwann wieder arbeiten gehen. Also: vorher nochmal Urlaub. Mit Fritzi. Der Winter in Berlin ist grausam und will einfach nicht enden. Ich buche eine Reise nach Mallorca für Fritzi und mich. Fünf Tage im März. Playa de Palma. Ballermann. Die erste Pauschalreise meines Lebens. Vor dem Urlaub kaufen wir uns noch einen neuen Kinderwagen. Der alte, sperrige Wagen hat ausgedient, wir kaufen uns einen kleineren. Schmal. Zusammenklappbar. Fritzi wird darin in Zukunft sitzend durch die Welt geschoben.

Unser Flug geht Sonntagfrüh um sechs Uhr. Ich kann vor Reiseaufregung am Abend vorher nicht einschlafen. Fritzi wecke ich um zwei Uhr. Wir sind alleine zu Hause. Fritzis Mutter ist unterwegs. Tanzen. In der Nacht von Samstag auf Sonntag mache ich mich mit Fritzi im neuen Kinderwagen irgendwann gegen drei Uhr auf den Weg zum Ostbahnhof. Vorbei am Berghain. Vorbei an der Warteschlange am Einlass. Wenn ihr verstrahlt nach Hause geht, liegen Fritzi und ich schon auf Mallorca am Strand in der Sonne, denke ich. Was die Leute von uns denken, kann ich mir kaum vorstellen. Vom Ostbahnhof geht es mit dem Zug zum Flughafen. Fliegen mit Fritzi funktioniert problemlos. Sie schläft bei Start und Landung und zwischendurch flirtet sie mit diversen anderen Reisenden. Landung in Palma de Mallorca. Shuttlebus zum Hotel. Ich bin mittlerweile todmüde. Es ist morgens. Zur Erinnerung: Ich habe die ganze Nacht nicht geschlafen. Unser Zimmer ist noch nicht fertig. Es ist zu kalt, um am Strand zu liegen. Wir gehen an der Strandpromenade spazieren. Ich versuche Fritzi wachzuhalten, weil ich mit ihr zusammen im Hotelzimmer Mittagsschlaf machen möchte. Wenn sie jetzt im Kinderwagen einschläft, muss ich bis heute Abend durchhalten, bis ich auch endlich schlafen kann. Mein Plan geht nicht auf. Sie ist zu müde. Am frühen Nachmittag beziehen wir also nur kurz das Zimmer und gehen dann wieder raus. Am Abend fallen Fritzi und ich ins Bett und schlafen sofort ein. Wir schlafen fast zwölf Stunden am Stück.

Die vielen neuen Eindrücke auf unserer Reise machen Fritzi müde und lassen sie zum Glück den ganzen Urlaub über nachts super schlafen. Mit dem Wetter haben wir Pech. Zwischendurch schneit es sogar. Im März. Auf Mallorca. Unser Hotel ist voll. Zur Hälfte mit Fahrradfahrerinnen und Fahrradfahrern, zur anderen Hälfte mit Rentnerinnen und Rentnern. Fritzi ist das einzige Kind im Hotel. Bei Frühstück und Abendessen sind immer alle Tische besetzt. Wir bekommen trotzdem immer einen Platz. Alle wollen, dass wir uns zu ihnen an den Tisch setzen. Ein Vater alleine mit seinem elf Monate alten Kind im Urlaub auf Mallorca. Wir sind die Attraktion des Hotels. Am zweiten Abend sitzen wir am Tisch einer Gruppe Fahrradfahrer aus Bayern. Gleich die erste Frage: Wie kommt es, dass du alleine mit deinem Sohn unterwegs bist? Ich erzähle kurz von meiner Elternzeit, von der Kälte in Berlin und von den letzten freien Wochen, bevor ich mich wieder um einen Job kümmern muss. Die Fahrradfahrer schauen mich mit einer Mischung aus Faszination und Unverständnis an. Das Gespräch ist erst mal beendet. Ein Vater in Elternzeit. Dazu fällt ihnen nichts weiter ein. Irgendwann später sage ich noch, dass Fritzi meine Tochter ist. Nicht mein Sohn. Oh. Naja, manchmal sehe man das nicht sofort, sagt einer der Fahrradfahrer. Er zeigt auf einen anderen aus der Gruppe. Bei ihm denke man ja auch immer, er sei ein Mädchen. Wegen der langen Haare. Alle lachen. Fritzi und ich verabschieden uns schnell nach dem Essen. Am nächsten Abend kommt ein Rentner auf mich zu. Auch er fragt mich, warum ich mit meinem Kind alleine unterwegs bin. Nachdem ich ihm geantwortet habe, redet er nur noch über sein Haus in Oberhausen. Der frisch verlegte Laminatboden müsse jeden Tag gewischt werden, weil sich sofort wieder Staub in den Ecken sammeln würde. Am Abend darauf spricht mich ein Fahrradfahrer aus Berlin an. Er habe eine Tochter in etwa demselben Alter wie mein Kind. Während wir reden, klingelt sein Handy. Er entschuldigt sich. Es sei seine Frau. Sie ist mit der Tochter in Berlin geblieben, damit er mit seinen Freunden in Ruhe zwei Wochen auf Mallorca Fahrradfahren kann. Ich versuche weiteren Begegnungen im Hotel aus dem Weg zu gehen.

Fritzi und ich verbringen die Tage am Strand und spielen warm eingepackt im Sand. An einem Tag fahren wir nach

Palma de Mallorca, Stadtbesichtigung. Ich schiebe Fritzi im Kinderwagen durch die engen Gassen. In der Touristeninformation frage ich nach einer Wickelmöglichkeit. Im Kaufhaus, bekomme ich als Antwort. Das Kaufhaus hat sogar einen Wickeltisch auf der Herrentoilette. Ich bin begeistert. Ausgeklappt versperrt der Wickeltisch fast den kompletten Eingangs- und Waschbeckenbereich. Als Fritzi darauf liegt, geht die Tür auf. Der Mann, der doch eigentlich nur in Ruhe zur Toilette wollte, erschreckt sich und schaut irritiert auf Fritzi und mich und auf das Piktogramm auf der Toilettentür, das die Toilette als Herrentoilette ausweist. Als er nach einigen Augenblicken seine Fassung wiedergewinnt und sich sicher ist, doch durch die richtige Tür gekommen zu sein, drängelt er sich an uns vorbei zu den Pissoirs. Als er gerade wieder raus ist, öffnet sich die Tür erneut. Auch der nächste Mann wähnt sich aufgrund des Anblicks eines halb nackten Babys auf einem Wickeltisch in der falschen Toilette, dreht sich sofort um, murmelt in irgendeiner Sprache irgendeine Entschuldigung und ist sofort wieder draußen. Wenig später kommt er wieder und drängelt sich auch an uns vorbei.

Fritzi und ich verstehen uns super in den Tagen auf Mallorca. Wir lachen viel zusammen. Ich bin aber auch froh, als wir wieder nach Hause fliegen. Nach der Reise muss ich mich zu Hause erst mal erholen. Fritzis Mutter holt uns am Flughafen ab. Sie sagt, Fritzi habe einen unglaublichen Entwicklungssprung gemacht. Unsere Reise scheint ihr gutgetan zu haben. Wir verbringen das folgende Wochenende zu dritt zusammen als Familie. Ich habe mich im Urlaub zwar nicht erholt – dafür bin ich aber ganz schön stolz auf unsere erste gemeinsame Reise zu zweit.

Jahr 2 –
LAUFEN. MECKERN. FALLEN. WEINEN. HÜPFEN.

Geburtstag

Fritzis erster Geburtstag. Mit dem heutigen Tag bin ich offiziell nicht mehr in Elternzeit. Seit heute bin ich offiziell arbeitslos und für Fritzis Mutter beginnen nun ihre zwei »Vätermonate«. Sie arbeitet weiterhin 30 Stunden in der Woche. Ich fahre morgens, nachdem ich Fritzi an ihrem Geburtstag in den Kindergarten gebracht habe, zur Agentur für Arbeit. Arbeitslosmeldung, Arbeitssuchendmeldung, Restanspruch auf Arbeitslosengeld I. Mein Sachbearbeiter oder Kundenbetreuer oder wie auch immer die genaue Jobbezeichnung meines Gegenübers lautet schaut mitleidig zu mir rüber. Dann muss der Kleine heute seinen Geburtstag ohne seinen Papa feiern, sagt er.

Naja, ich hoffe, unsere Unterredung hier dauert nicht den ganzen Tag, antworte ich. Dann können wir immer noch den ganzen Nachmittag zusammen feiern.

Ist es überhaupt ein Sohn oder doch eine Tochter?, fragt er.

Eine Tochter, antworte ich.

Ah, schade, eine Zicke, bemerkt er beiläufig. Ich sage nichts. Ich bin schockiert. Ich weiß nicht, was ich dazu sagen soll. Ich habe keine Lust auf eine Diskussion und beschließe, von nun an nicht mehr als nötig zu sagen und auf seine Unterhaltungsversuche nicht weiter einzugehen. Warum ich denn ein ganzes Jahr Elternzeit genommen habe, möchte er noch wissen. Ich versuche möglichst kurz zu antworten: Weil wir uns so dafür entschieden haben. Er zuckt kurz mit den Schultern. Dann ist erst mal alles geklärt. Er möchte mit mir nur noch ein Jobvermittlungsgespräch ausmachen.

Donnerstag, 17 Uhr, sagt er.

Da kann ich nicht. Termine bitte nur in der Kindergartenzeit, antworte ich.

Dann bekomme ich irgendwann einen Termin per Post. Kein Problem.

Endlich bin ich raus. Ich fahre mit dem Fahrrad zurück nach Hause. Unterwegs denke ich daran, wie es nun weitergeht. Fritzis Mutter ist auch wieder auf Jobsuche. Sie kommt mit ihrem aktuellen Job nicht so gut zurecht und sucht etwas Neues. Mir wird bewusst, dass sich einiges verändern wird. Wir müssen unsere Aufteilung der Woche neu aushandeln. Dann ist da Holger. Gerade streite ich mich viel mit Fritzis Mutter. Wer oder was bin ich in dieser Familie eigentlich?, fragt sie mich. Sie hat wesentlich mehr Probleme, eine passende Rolle für sich innerhalb unserer Familie zu finden, als ich. Das erste Jahr mit Fritzi ist vorüber und gerade ist nicht klar, wie es weitergehen wird. Es liegen einige Hürden vor uns, es gibt einige Klippen zu umschiffen und wir wissen nicht, wie unser Leben dahinter aussehen wird. An Geburtstagen werde ich immer etwas sentimental. Mir bleibt aber nicht viel Zeit, weiter darüber nachzudenken. Ich hole Fritzi vom Kindergarten ab. Die Eltern von Fritzis Mutter kommen zur Geburtstagsfeier. Ein paar Tage später feiern wir am Wochenende zusammen mit unseren Freunden Fritzis ersten Geburtstag nach. Fritzi, Fritzis Mutter und ich.

Klar ist, dass Fritzi weiter bei mir wohnen wird. Vor ein paar Monaten habe ich beim Kinderarzt unfreiwillig das Telefonat eines Vaters mitgehört. Er sprach mit der Mutter des Kindes und beschwerte sich lautstark darüber, dass er seinen Arbeitstermin nicht absagen könne, nur weil die gemeinsame Tochter so krank sei, dass sie nicht in den Kindergarten gehen könne. Wer in diesem Fall aufgrund der Krankheit der Tochter die Arbeit absagen musste, habe ich letztendlich nicht mehr mitbekommen. Nach meinen bisherigen Erfahrungen erscheint es mir jedoch wenig realistisch zu glauben, dass nach der Elternzeit die Aufteilung solcher Herausforderungen und Schwierigkeiten gerechter zwischen den jeweiligen Vätern und Müttern geregelt ist. In der überwiegenden Mehrzahl der Fälle sind es die Mütter, die ihre Arbeitstermine absagen, um mit dem kranken Kind zu Hause zu bleiben. Konstantins Mutter erzählt mir, dass sie nun extra Urlaub nehmen muss, weil Konstantins Vater am Ende seiner drei Monate Elternzeit zu spät mit der Eingewöhnung im Kindergarten begonnen hat. Konstantin braucht etwas länger, um sich an die neue Situation und den neuen Lebensabschnitt zu gewöhnen, und Konstantins Mutter muss den Rest der Eingewöhnung übernehmen. Ich möchte, dass es weiterhin meine Aufgabe ist, auch unvorhergesehene Probleme mit Fritzi zu meistern. Fritzis Mutter wird sich einen neuen Job suchen. Wieder ohne Rücksicht auf die Betreuungszeiten im Kindergarten. Ich werde sehen, wie sich eine eventuelle zukünftige Arbeit mit der Verantwortung für Fritzi vereinbaren lässt. Natürlich in Absprache mit Fritzis Mutter. Wir wollen uns die Woche weiterhin so aufteilen, dass Fritzi die meiste Zeit bei mir schläft. Wir wollen weiterhin beide die Möglichkeit haben, auch Nächte ohne Fritzi zu verbringen. Einige Tage in der Woche habe ich Fritzi allein, dafür hat Fritzis Mutter sie an einem Tag am Wochenende bei sich. Hin und wieder soll Fritzi auch ein ganzes Wochenende bei ihrer Mutter verbringen. Dafür hat Fritzis Mutter dann auch mal ein ganzes Wochenende frei. Und wir wollen natürlich auch weiterhin Zeit zu dritt zusammen als Familie verbringen. Dabei versuchen wir so flexibel wie möglich zu sein. Falls Fritzis Mutter spontan zu einem Konzert gehen möchte oder ich spontan auf eine Party eingeladen bin. Fritzi wird weiterhin im Durchschnitt sechs Tage die Woche bei mir schlafen. Damit bin ich für die Agentur für Arbeit ein alleinerziehender Vater, und ich hoffe, dadurch etwas mehr Zeit zu bekommen, um den Sommer mit Fritzi zu genießen.

Ein paar Tage später erfahre ich, dass sich mein Anspruch auf Arbeitslosengeld I noch verlängert hat. Die Elternzeit zählt als sozialversicherungspflichtige Beschäftigung, weswegen ich noch ein halbes Jahr länger als gedacht Geld von der Agentur für Arbeit bekomme. Natürlich bin ich trotzdem sofort verpflichtet, mich um Arbeit zu kümmern, aber mit einem einjährigen Kind zu Hause wird die Arbeitssuche wohl etwas länger dauern. Erst mal bleibt damit doch vieles beim Alten. Nur die Zukunft meiner Beziehung zu Fritzis Mutter ist und bleibt ungewiss.

Festival

Fritzi hat ein ganzes Wochenende bei ihrer Mutter verbracht. Ich übernehme Fritzi am späten Sonntagnachmittag. Fritzis Mutter erzählt mir, dass sie ein sehr anstrengendes Wochenende mit Fritzi hatte. Unser Kind war das gesamte Wochenende übelster Laune. Fritzis Mutter möchte direkt weiter, sie ist noch verabredet. Und freut sich, danach eine Nacht durchzuschlafen, bevor sie am nächsten Tag wieder arbeiten muss. Ich verbringe den Abend mit Fritzi. Wir essen Abendbrot, dann lege ich sie ins Bett. In der Nacht wird sie oft wach. Ich mache mir Sorgen. Fritzi wacht auf und weint. Ich schaffe es ganz gut, sie zu beruhigen. Während ich neben Fritzi liege, mache ich mir Gedanken. Gedanken darüber, wie sich das Leben von Fritzis Mutter und mir auf Fritzi auswirkt. Fritzi muss sich oft verabschieden. Und ich ertappe mich bei dem Gedanken, dass es Fritzi bei mir gerade besser geht. Auch wenn ich genau weiß, dass das so pauschal auf keinen Fall stimmt und es mindestens tausend andere Ursachen für Fritzis schlechte Laune geben kann, bekomme ich den Gedanken in dieser Nacht nicht mehr aus dem Kopf.

Die anschließende Woche mit Fritzi ist wundervoll. Alleine mit Fritzi. Mit bester Laune. Nach dieser Woche fällt es mir schwerer, Fritzi abzugeben. Es fällt mir von diesem Zeitpunkt an manchmal auch schwerer, in unseren Diskussionen um die Aufteilung der Woche von Fritzis Mutter zu verlangen, dass sie Fritzi zu sich nimmt. Ich erwische mich immer mal wieder dabei, bewusst zurückzustecken und Fritzi lieber alleine zu mir zu nehmen, als mit Fritzis Mutter darüber zu diskutieren, dass ich gerne einen bestimmten Tag oder Abend zusätzlich frei hätte. Und ärgere mich dabei über mich selbst.

Die Planung des Festivalsommers hingegen ist relativ schnell besprochen. Der Sommer wird gerecht aufgeteilt. Ich fahre zum *Immergut*- und zum *Haldern*-Festival, Fritzis Mutter fährt zur *Fusion* und zum *Melt*-Festival. Das *Immergut* ist das Erste in der Reihe. Zweieinhalb Tage raus. Raus aus Berlin. Raus aus dem Familienalltag. Ich freue mich schon Wochen vorher.

Am Freitag stehe ich mit Fritzi und Fritzis Mutter auf. Die beiden gehen zum Kindergarten, ich fahre zum Bahnhof. Von dort nach Neustrelitz. Morgens im Zug trinke ich das erste Bier. Ankommen. Zelt aufbauen. Weiter Bier trinken. Ich fahre seit vielen Jahren mit der gleichen Gruppe hierher. Wir haben Glück mit dem Wetter und sitzen vor unseren Zelten in der Sonne. Irgendwann geht die Musik los. Ich werde müde. Hinter mir liegt eine anstrengende Woche mit Fritzi und ich bin es nicht gewohnt, abends lange aufzubleiben. Am frühen Abend lege ich mich in mein Zelt schlafen. Für ein paar Stunden. Gegen ein Uhr in der Nacht klingelt mein Wecker. Es ist kalt und nicht einfach, aus dem Schlafsack zu kriechen. Schnell noch eine Mate mit Wodka vor dem Zelt zum wach werden, dann los zur Bühne. *Turbostaat.* Musik meiner Jugend. *Turbostaat* habe ich vor vielen, vielen Jahren schon im Jugendzentrum meiner hessischen Heimatstadt gesehen. Ich bin älter geworden. Die Band ist auch älter geworden. Der Gitarrist geht zwischen zwei Songs ans Mikrofon. Als ich gehört habe, dass wir um zwei Uhr in der Nacht spielen sollen, hab ich gedacht, da schlaf ich doch, sagt er. Um die Uhrzeit jetzt wird meine Tochter meistens zum ersten Mal in der

Nacht wach, fügt er hinzu. Ich muss lachen. Danach spielt die Band ein paar alte Songs. Punkrock. Wie früher. Ich bin hellwach und habe großen Spaß. Danach mehr Bier, mehr Musik. Irgendwann wird es wieder hell. Ein übersichtliches Häufchen Festivalbesucherinnen und Festivalbesucher ist noch übrig. Ich habe immer noch oder besser immer wieder ein Bier in der Hand. Zurück zum Zeltplatz. Irgendwo ist noch Musik. Da muss ich hin. Irgendwann noch viel später gehe ich zurück zu meinem eigenen Zelt und lege mich in die Morgensonne. Frühstücken. Langsam ausnüchtern. Ausruhen für die nächste Nacht. Die Wachgebliebenen mischen sich mit den Wiederaufgestandenen. Ich telefoniere kurz mit Fritzis Mutter. Im Hintergrund höre ich Fritzi. Eine andere Welt. Nach dem Telefonat unterhalte ich mich mit Torbens Mutter, die zu diesem Zeitpunkt noch nicht Torbens Mutter und auch noch nicht schwanger ist, über Kinder. Sie ist seit vielen Jahren mit ihrem Freund zusammen. Demnächst ziehen die beiden in eine gemeinsame Wohnung. Sie kann sich vorstellen, auch bald ein Kind zu bekommen. Sie würde sich dann gerne gleichberechtigt mit ihrem Freund um das Kind kümmern, sagt sie. Sie wolle keine Aufteilung so wie bei mir, das sei ja schließlich genauso ungerecht. Nur eben andersrum. Sie fände es gut, wenn sich beide Elternteile zu gleichen Teilen um das Kind und den Haushalt und um alle anderen anfallenden Aufgaben kümmern. Sie erzählt weiter, wie sie den Eltern ihres Freundes von ihrem Willen zur gleichberechtigten Kindererziehung berichtet hatte. Das funktioniert doch nicht, hätten diese geantwortet. Es sei doch nicht die Aufgabe des Vaters, sich um das Kind zu kümmern. Er könne das ja auch gar nicht. Dafür sei schließlich eine Mutter da. Torbens Mutter, die wie bereits erwähnt zu diesem Zeitpunkt noch nichts von Torben weiß und mir erst etwa ein Jahr nach diesem Gespräch erzählen wird, dass sie schwanger ist, sagt, sie habe das Gespräch daraufhin einfach abgebrochen. Und hat dich dein Freund gegenüber seinen Eltern verteidigt? Oder wie sieht er das?, frage ich. Er sehe das genauso wie seine Eltern, antwortet sie. Schon ein Jahr später, als sie mir von ihrer Schwangerschaft erzählt, ist Gleichberechtigung kein großes Thema mehr. Noch ein Jahr später, also kurz nach Torbens Geburt, ist davon überhaupt keine Rede mehr. Torbens Mutter ist für ein Jahr in Elternzeit, Torbens Vater wird danach die beiden Vätermonate nehmen. Auch in dieser Zeit wird Torbens Mutter so viel wie möglich freinehmen, um Torben und seinen Vater nicht so viel alleine zu lassen.

Zeit für ein erstes Bier am Nachmittag. Nach dem Bier gehe ich schlafen. Gegen ein Uhr klingelt wieder mein Wecker. Ich stehe auf. Mate mit Wodka. Bier. Tanzen. Mehr Bier. Irgendwann wird es hell. Zurück zum Zeltplatz. Irgendwo ist noch Musik. Da muss ich hin. Gegen Mittag ist alles vorbei. Alle wollen möglichst schnell nach Hause. Ich packe mein Zelt zusammen. Rucksack auf den Rücken. In den Zug zurück nach Berlin.

Vorstellungsgespräch

Fritzi und ich treffen uns mit Hendrik und seiner Mutter. Hendrik ist nicht viel jünger als Fritzi. Hendriks Mutter hat noch während ihrer Elternzeit mit der Jobsuche begonnen und einen tollen Job gefunden. Seit einigen Wochen arbeitet sie nun und ich bin sehr beeindruckt, wie sie das alles allein hinbekommt. Hendriks Mutter erzählt mir von der Fernbeziehung zu Hendriks Vater und dass sie irgendwann kurz nach Hendriks Geburt herausgefunden habe, dass Hendriks Vater in einer anderen Stadt noch eine weitere Freundin mit Kind habe. Seit sie dies durch Zufall erfahren habe, sei sie alleine mit Hendrik. Durch die Fernbeziehung sei schon vorher klar gewesen, dass sie in der ersten Zeit mit Hendrik viel alleine sein würde. Hendriks Vater habe ihr gegenüber aber immer wieder den Plan geäußert, so schnell wie möglich nach Berlin zu ziehen, sobald Hendrik geboren sei. Nun hoffe sie, dass er erst einmal nicht nach Berlin komme. Hendriks Mutter versucht, das Beste aus der Situation zu machen und irgendwie alleine zurechtzukommen. Ich bin immer mehr beeindruckt, wie sie das alles hinbekommt. Alleine mit dem Kind. Der ganze Ärger mit Hendriks Vater. Der neue Job. Dazu noch die Partys und Konzerte, die sie organisiert. Ich erzähle ihr etwas von meinem Leben. Von meinem Stress mit Fritzis Mutter. Wir kochen noch zusammen in ihrer Wohnung, dann müssen Fritzi und ich uns auch schon wieder auf den Heimweg machen. Hendrik und seine Mutter wohnen leider am anderen Ende von Berlin, deshalb werden wir uns wahrscheinlich nicht regelmäßig treffen. Aber vielleicht klappt es ja doch irgendwann mal wieder mit einem Treffen, sagen Hendriks Mutter und ich zum Abschied.

Wenig später habe ich mein erstes Vorstellungsgespräch. Ich bin von einer Bekannten für die Stelle empfohlen worden und soll meine Bewerbungsunterlagen zum Gespräch mitbringen. Zum ersten Mal in meinem Leben mache ich Bewerbungsfotos. Der Fotograf gibt mir viele Tipps, wie ich auf dem Foto am besten zur Geltung kommen kann. Ich solle mir das von einem alten Mann sagen lassen. Ich protestiere: So jung bin ich auch nicht mehr. 28. So alt sei seine Tochter, sagt er. Na gut. Ich bin überzeugt. Als ich gehe, wünscht er mir viel Erfolg. Viel Erfolg? Will ich das überhaupt? Egal. Wie beschreibe ich mein letztes Jahr im Lebenslauf? Elternzeit/Erziehungsurlaub. Foto auf den Lebenslauf kleben und los. Ich finde meinen Fahrradschlüssel nicht. Also zu Fuß zur S-Bahn. Raus nach Wannsee. Die Sonne scheint. Dann weiter mit dem Bus. Im Kopf rechne ich noch schnell unter Berücksichtigung der Kindergarten- und Fahrzeiten die möglichen Arbeitszeiten aus. Bei neun Stunden Kindergarten und jeweils einer Stunde Fahrzeit hin und zurück bleiben sieben Stunden pro Tag.

Fritzi hat in der Nacht vor dem Vorstellungsgespräch besonders schlecht geschlafen. Wieder die Zähne? Zu viel/zu spät gegessen vor dem Schlafengehen? Zu viel Aufregung am Wochenende, weil ihre Oma – meine Mutter – zu Besuch war? Irgendwas ist immer. Für die kommenden Tage nehme ich mir fest vor, Fritzi in ihrem eigenen Zimmer schlafen zu lassen und aus dem elterlichen – meinem – Schlafzimmer zu verbannen. Vor solchen unruhigen Nächten schützt mich das natürlich trotzdem nicht. Im Gegenteil: Ich verbringe dann wahrscheinlich die halbe Nacht in ihrem Zimmer oder hole sie irgendwann doch in mein Bett. Zum Vorstellungsgespräch komme ich jedenfalls reichlich unausgeschlafen.

Mir fällt es schwer, die ganzen Fragen zu beantworten. Was habe ich in meinem Berufsleben schon gemacht, was für den Job relevant sein könnte? Mir fällt kaum was ein. Natürlich habe ich mich auf das Gespräch vorbereitet, aber mein Pulver ist schnell verschossen und die beiden anderen Menschen am Tisch stellen immer weiter Fragen. Ob ich schon mal geschrieben hätte, redaktionelle Texte, werde ich gefragt. Ich erzähle, dass ich ein Buch über mein Leben mit Fritzi schreibe. Aha. Das ist ja spannend. Nächste Frage. Ich hätte gerne noch weiter über mein Leben mit Fritzi geredet. Da könnte ich Geschichten erzählen. Da fühle ich mich sicher. Hier geht es aber leider um was anderes. Arbeiten. Arbeiten? Hm, schon lange nicht mehr gemacht. Na klar kann ich das alles, irgendwie. Dauert bestimmt einfach nur etwas, um wieder reinzukommen. In den Rhythmus. In den Alltag. Nach dem Gespräch fahre ich niedergeschlagen nach Hause. Zwischendurch hatte ich mich schon kurz etwas auf meine neuen Aufgaben gefreut. Ist doch nicht so einfach, wie ich es mir erhofft hatte. Ich versuche das Vorstellungsgespräch als wichtige Erfahrung abzuhaken. Ist sowieso noch etwas früh. Der Sommer kommt ja gerade erst und natürlich finde ich die Vorstellung, mit Fritzi in der Sonne auf dem Spielplatz zu spielen, viel angenehmer, als im Büro zu sitzen und zu arbeiten. Und nur weil meine Elternzeit vorbei ist, schläft Fritzi noch lange nicht durch.

Zu Hause erwarten mich Fritzi und ihre Mutter. Fritzi lacht mich an. Sie macht ihre ersten Schritte und erzählt viel. Ich höre ihr gerne zu, auch wenn nur Bruchstücke zu verstehen sind. Zwei Tage später hat Fritzis Mutter ein Vorstellungsgespräch. Und eigentlich ist es in unserem Konzept ja auch ihre Aufgabe, arbeiten zu gehen. Mein Telefon klingelt. Es gab leider noch eine bessere Bewerberin für den Job in Wannsee. Ich bin enttäuscht und erleichtert. Ein paar Tage darauf bekommt Fritzis Mutter die Jobzusage. Wir freuen uns zusammen, sitzen im Park und trinken Bier.

Wir genießen den Beginn des Sommers. Fritzi läuft um uns herum und freut sich über diese neue Möglichkeit, sich in unserer Welt fortzubewegen.

Kitaferien

Fritzi schläft gut, ich muss nur noch einmal in der Nacht aufstehen und ihr eine Flasche Milch geben. Irgendwann zwischen drei und fünf Uhr. Dann schläft sie nochmal bis sieben Uhr. Oder bis acht Uhr. Wir stehen auf, ziehen uns an, putzen uns die Zähne. Oder besser gesagt: Ich ziehe uns an. Ich putze uns die Zähne. Fritzi hat schon sehr viele Zähne. Dafür aber noch immer kaum Haare. Wir spielen etwas, dann gehen wir los in den Kindergarten. Irgendwann zwischen acht und neun Uhr. Je nachdem, wie lange Fritzi schläft. Je nachdem, wann wir im Kindergarten ankommen, kommen wir zeitgleich mit anderen Kindern an. Sind wir früh, treffen wir Emma mit ihrer Mutter in der Garderobe. Und Lena mit ihrer Mutter. Oder Alexander mit seiner Mutter. Sind wir etwas später, treffen wir Konstantin mit seiner Mutter. Und Timon mit seiner Mutter. Sind wir ganz spät, treffen wir Fabian mit seiner Mutter. Mittlerweile kann ich allen Kindern in der Kita Eltern zuordnen. Und umgekehrt. Manchmal treffen wir auch Julian mit seinem Vater. Er ist der einzige Vater, den wir einigermaßen regelmäßig treffen.

Heute bin ich, nachdem ich Fritzi weggebracht habe, gerade wieder auf dem Weg nach Hause, als Julian und sein Vater auf dem Fahrrad in den Hof des Kindergartens einbiegen. Wir unterhalten uns kurz. Ihr wart doch bestimmt gestern wieder zusammen feiern, wenn ihr heute so spät im Kindergarten seid, sagt Julians Vater. Ich erzähle ihm, dass Fritzi und ich am Tag zuvor zusammen bei der *Fête de la Musique* und deshalb erst spät im Bett waren. Fabian kommt mit seiner Mutter auf dem Fahrrad vorbei. Ich habe gerade deine Frau getroffen und ich soll dir sagen, dass du Julian den Pullover ausziehen sollst; es ist doch schon so warm, sagt sie zu Julians Vater. Es ist ihm sichtlich peinlich. Ihr Mütter!, schimpft er kurz.

Am folgenden Samstag ist im Kindergarten ein gemeinsamer Arbeitstag der Eltern geplant. Ein paar Regale sollen aufgebaut werden, ein paar Dinge müssen umgeräumt werden. Kleine Verbesserungen. Ich erkläre mich bereit, für die Verpflegung zu sorgen, und bringe einen Grill mit, Sojaschnitzel, Gemüsespieße und Kartoffelsalat. Den ganzen Tag vorher stehe ich zur Vorbereitung in der Küche. Als ich im Kindergarten ankomme, treffe ich ein paar Väter, die ich noch nie vorher im Kindergarten gesehen habe. Alexanders Vater. Konstantins Vater. Timons Vater. Fabians Vater. Auch ein paar Mütter sind da. Und ich. Ich baue den Grill auf. Am Tag zuvor habe ich noch eine Mail an alle Eltern geschrieben, dass sie ihr Grillfleisch selbst mitbringen müssen, wenn sie unbedingt Fleisch essen wollen. Sojaschnitzel?! Dann kann ich ja gleich Müsli essen, sagt ein Vater. Mit den Müttern unterhalte ich mich über das Rezept für die Marinade der Gemüsespieße, den veganen Kartoffelsalat und natürlich über unsere Kinder und ihre Krankheiten. Gerade ist ein Durchfallinfekt unterwegs.

In der Woche darauf erwischt der Durchfallinfekt aus dem Kindergarten dann Fritzi. Und mich. Es ist die letzte Woche, bevor der Kindergarten für zwei Wochen Sommerferien macht. Ich frage zwischendurch, wenn Fritzis Mutter zur

Arbeit muss, Lisa, ob sie mir mit Fritzi helfen kann. Fritzi geht es schnell besser. Lisa geht mit ihr auf den Spielplatz, während ich mich zu Hause nur zwischen Bett und Kloschüssel hin und her bewege. Dann beginnen die Kitaferien. Ich habe Geburtstag und muss meine Party absagen, weil ich immer noch nicht gesund bin. Es geht mir aber von Tag zu Tag besser. Holger hat am gleichen Tag Geburtstag wie ich, erzählt mir Fritzis Mutter. Sie verbringt meinen Geburtstag mit mir. Ansonsten streite ich mich gerade viel mit ihr. Wir haben immer wieder unterschiedliche Vorstellungen über die Aufteilung der Woche. Fritzis Mutter ist es sehr wichtig, Zeit für sich zu haben. Ich bin nun zwei Wochen mit Fritzi alleine. Ohne Kindergarten. Unter der Woche muss Fritzis Mutter arbeiten. Am Wochenende zwischen den beiden Ferienwochen fährt sie zum *Melt*-Festival. Mit Holger.

Das Wetter ist gut. Ich bin mit Fritzi jeden Tag auf dem Spielplatz. Mit vielen anderen Müttern und ihren Kindern. Eine Mutter wird am Abend von ihrem Mann abgeholt. Mit Blumen in der Hand. In einer meiner romantischen Vorstellungen kommt auch Fritzis Mutter uns mal am Abend vom Spielplatz abholen. Und hat dabei einen Strauß Blumen für mich dabei. Als Dank dafür, dass ich die ganzen Tage auf Fritzi aufpasse, sie in Ruhe arbeiten gehen kann und sich keine Gedanken um die Kitaferien machen muss.

An einem Tag treffen wir Julian und seine Mutter auf dem Spielplatz. Julians Mutter erzählt mir stolz, dass Julians Vater jetzt den Kindersitz an ihr Fahrrad montiert habe und sie demnächst mit Julian mit dem Fahrrad durch Berlin fahre. Ich erzähle, dass bei uns zu Hause auch schon ein Kindersitz fürs Fahrrad herumliegt, ich es bisher aber noch nicht geschafft habe, ihn anzumontieren, und Fritzis Mutter das wohl auch nicht für mich tun wird. Zu Hause fällt mir die Decke auf den Kopf. Ich bekomme die fertige Diplomarbeit geschickt, für die ich vor einiger Zeit aufgrund meiner Elternzeit interviewt worden bin. Es macht mir Spaß zu lesen, wie ich zitiert werde. Ich denke darüber nach, selbst noch einmal zu studieren. Ich kann mir gerade kaum vorstellen, irgendwo als Sozialpädagoge zu arbeiten. Mir fehlt völlig die Motivation, mich für einen Job zu bewerben. Nachdem ich Fritzi zum Kindergarten gebracht habe, weiter zur Arbeit? Dann von der Arbeit zum Kindergarten und mit Fritzi auf den Spielplatz? Keine besonders tolle Vorstellung. Ein Studium müsste ich allerdings auch irgendwie finanzieren. Ich will mir in Ruhe Gedanken machen.

Ich möchte mich mit Linda treffen, die ich neulich in einem Club kennengelernt habe. Auf dem Kinderbauernhof im Görli. Mit Fritzi. Sie sagt mir ab. Ist ihr gerade zu viel. Komplizierte Jungsgeschichten und so.

Zelten

Ein paar Tage später treffe ich mich doch noch mit Linda. Wir trinken Bier. Es ist schön. Wir lachen viel. Ich erzähle ihr von meiner Beziehung und von meinem Leben mit Fritzi. Am nächsten Tag möchte ich mit Fritzi in den Urlaub fahren. Um elf Uhr soll mir Fritzis Mutter Fritzi vorbeibringen. Fritzis Mutter geht dann zur Arbeit. Linda kommt noch mit zu mir nach Hause. Es ist spät, als wir bei mir ankommen. Oder früh. Wir hören Musik. Ich bin betrunken. Als ich schlafengehe, vergesse ich, mir einen Wecker zu stellen. Irgendwann wache ich auf. Ich schrecke auf. Neun Uhr. Ich habe zwei oder drei Stunden geschlafen. Ich stehe auf und packe meinen Rucksack. Dann verlasse ich schnell das Haus, weil ich noch Proviant für uns einkaufen muss. Fritzi und Fritzis Mutter sind schon da, als ich wieder zu Hause ankomme. Ich erzähle Fritzis Mutter kurz von meiner Nacht. Sie geht arbeiten. Ich packe den Rest zusammen und schiebe Fritzi im Kinderwagen zum Ostbahnhof. Auf dem Rücken habe ich einen großen Rucksack mit meinem Zelt, am Kinderwagen hängt eine weitere Tasche. S-Bahn zum Hauptbahnhof. Umsteigen. Zwei Stunden im Zug. Umsteigen in Neustrelitz. Es ist heiß. Nochmal eine Stunde im Bus. Am Busbahnhof eines Dorfes in Mecklenburg-Vorpommern wartet der Vater von Paul und Oskar auf uns. Bis zum Zeltplatz am See ist es noch eine Viertelstunde mit dem Auto. Paul, Oskar und ihre Eltern sind schon vor ein paar Stunden angekommen, ihr Zelt steht bereits.

Ich habe den Vater von Paul und Oskar in Peru kennengelernt, vor mittlerweile acht Jahren. Zu einer Zeit, als er weder der Vater von Oskar noch von Paul war. Wir haben uns gut verstanden und uns entschlossen, eine Zeit gemeinsam weiterzureisen. Wir waren zusammen im Dschungel Boliviens. Haben zusammen 2.000 Kilometer trampend auf der Panamericana in Chile zurückgelegt und zusammen Weihnachten in Argentinien gefeiert. Zurück in Deutschland waren wir beste Freunde. Mindestens einmal im Monat habe ich ihn in Leipzig besucht. Oder er mich in Berlin. Irgendwann wurde der Kontakt weniger, ohne besonderen Grund. Dann kam sein erstes Kind. Paul. Die Telefonate und Mails wurden noch seltener. Wir konnten mit dem Leben des jeweils anderen immer weniger anfangen. Dann kam Fritzi, kurz vor seinem zweiten Kind. Oskar.

Fritzi ist 15 Monate alt und wir schaffen es nun zum ersten Mal seit langer Zeit, uns zu sehen. Ich lerne seine Familie kennen, er lernt Fritzi kennen. Auf einem Zeltplatz irgendwo in Mecklenburg-Vorpommern. Die vierköpfige Familie möchte zwei Wochen bleiben, Fritzi und ich haben drei Nächte geplant.

Ich baue unser Zelt auf, und das, nachdem ich in der Nacht nur zwei oder drei Stunden geschlafen habe. Alkohol ist sicherlich auch noch irgendwo in meinem Blut. Es ist früher Nachmittag. Ich muss noch einige Zeit durchhalten. Wir baden im See. Der Vater von Paul und Oskar kocht für uns ein leckeres Abendessen. Zu Hause schläft Fritzi immer mit heruntergelassenem Rollladen, also im völligen Dunkel. Bis es im Zelt dunkel wird, dauert es noch etwas. Gegen 21 Uhr versuche ich Fritzi schlafen zu legen. Keine Chance. Im Zelt ist es hell. Und alles ist so spannend. Fritzi testet, wie sich die Zeltwand anfühlt, welche Geräusche sie macht, wenn sie mit den Fingernägeln daran entlangkratzt. Draußen vor dem Zelt hört sie andere Kinder. Es dauert bis 22 Uhr, bis sie einschläft. Ich trinke vor dem Zelt noch ein Bier mit den anderen beiden Erwachsenen, dann falle ich todmüde ins Zelt. In der Nacht ist es kalt. Ich mache mir Sorgen, dass Fritzi in ihrem Schlafsack friert. Als ich zwischendurch aufwache, ist sie ziemlich kalt. Ich hole sie in meinen Schlafsack.

Als ich das nächste Mal aufwache, grinst sie mir ins Gesicht. Es ist kurz nach fünf Uhr. Es ist hell. Fritzi ist hellwach. Ich ziehe sie an. Wir bleiben liegen, bis ich aus dem Nachbarzelt höre, dass die anderen Kinder auch wach sind. Schlafen kann ich in der Zeit nicht mehr. Fritzi klettert auf mir herum. Sieben Uhr. Als wir aus dem Zelt kriechen, fängt es an zu regnen. Wir fahren zu sechst in den nächstgelegenen Ort, um irgendwo in einem Café zu frühstücken. Zurück auf dem Zeltplatz hat der Regen glücklicherweise aufgehört. Fritzi ist schlecht gelaunt. Sie ist unausgeschlafen. Im Zelt habe ich keine Chance, sie zu einem Mittagsschlaf zu bewegen. Ich schiebe sie mit dem Kinderwagen durch die Gegend. Irgendwann schläft sie ein, für eine halbe Stunde.

Wir baden im See. Es scheint sogar die Sonne. Ballspielen auf der Wiese. Wir genießen den Nachmittag. Dann ist Fritzi wieder schlecht gelaunt. Ich mittlerweile auch. Bis es dunkel wird, sind noch ein paar Stunden zu überstehen. Als Fritzi um 22 Uhr wieder schläft, trinke ich noch ein Bier. Dann falle ich todmüde ins Zelt. Um fünf Uhr ist Fritzi wieder wach. Es regnet. Nachdem wir alle aufgestanden sind, beschließe ich, nach Hause zu fahren. Schon einen Tag früher als geplant. Der Vater von Paul und Oskar fährt uns zum Busbahnhof. Eine Stunde mit dem Bus. Umsteigen in Neustrelitz. Zwei Stunden mit dem Zug. Es ist Samstag. Der Zug ist voller Reisegruppen mit Wochenendticket. Wir müssen stehen. Fritzi hat keinen Platz, um im Zug umherzulaufen. Sie ist unausgeschlafen. Ich auch. Sie ist schlecht gelaunt. Ich auch. Umsteigen am Hauptbahnhof. S-Bahn zum Ostbahnhof. Ich frage Fritzis Mutter per SMS, ob sie uns am Ostbahnhof abholen kann.

Kinderzimmer

Fritzi soll endlich in ihrem eigenen Zimmer schlafen. Bisher nutze ich ihr Zimmer eher als Abstellkammer. Oder beispielsweise zum Wäscheaufhängen. Jetzt soll daraus endlich ein Kinderzimmer werden. Ich verabrede mich mit Fritzis Mutter zum Möbeleinkauf. Nachdem Fritzi im Kindergarten ist, fahre ich mit der U-Bahn zur Autovermietung. Dort treffe ich Fritzis Mutter. Zusammen fahren wir weiter zu IKEA. Als wir ankommen, merken wir, dass wir zu früh sind. Wir müssen also erst bei IKEA frühstücken, bevor wir mit unserem Großeinkauf beginnen können. Frühstücken bei IKEA. Wir lachen über uns. Ansonsten sind hier nur Rentnerinnen und Rentner. Oder junge Familien. Und wir. Zum Glück haben wir unser Kind nicht dabei, so können wir wenigstens so tun, als gehörten wir nicht in eine der beiden Schubladen. Dann los. Kleiderschrank. Teppich. Regal. Wir sind im Kaufrausch. Die Oma von Fritzis Mutter möchte uns, nachdem sie die Abstellkammer, die Fritzis Zimmer werden soll, bei ihrem letzten Besuch gesehen hat, etwas Geld für die Einrichtung dazugeben. Bei ihrem Besuch hat sie mich auch gefragt, wann ich denn gedenke, wieder arbeiten zu gehen. Geld verdienen. Die Familie ernähren. Ich weiß es noch nicht, habe ich geantwortet. Oje. Gerade heutzutage. Arbeitslosigkeit. Wirtschaftskrise. Und Fritzi. Wahrscheinlich hat sie einige schlaflose Nächte, in denen sie in Sorge um ihre Urenkelin wach liegt und hofft, dass ich irgendwann zur Vernunft komme und zum Wohle meiner Tochter und ihrer Urenkelin doch noch endlich wieder Geld verdiene. Wir kaufen noch etwas Kinderspielzeug. Rein in den Einkaufswagen. An die Kasse. Am Ende ist es doch teurer als gedacht. Egal. Ist ja für Fritzi. Den Einkauf in den Mietwagen. Fritzis Mutter und ich haben Spaß zusammen. Wir sind uns einigermaßen einig, wie Fritzis Zimmer eingerichtet werden soll. Wir freuen uns, dass unser Kind immer größer wird und nun ein eigenes Zimmer bekommt. Wir unterhalten uns über Fritzi. Über unsere lustigen Erlebnisse mit ihr. Wir machen Witze und genießen den Tag zusammen. Nach Hause. Ausladen. Auto wegbringen. Auspacken. Aufbauen. Fritzi vom Kindergarten abholen. Sie staunt und freut sich. In dieser Nacht schläft sie gut in ihrem neuen Zimmer.

Am nächsten Tag fährt Fritzis Mutter mit den Jugendlichen des Jugendclubs, in dem sie nun arbeitet, auf Sommerfahrt. Ich bin wieder eine Woche mit Fritzi alleine. Fritzi bekommt Durchfall. Ich gehe mit ihr wieder zum Arzt. Diesmal ist es kein Infekt, eher eine Unverträglichkeit. Sagt der Arzt. Ich solle mal darauf achten, was sie so isst. Sie kann weiter in den Kindergarten gehen. Ich bin erleichtert.

Am Abend treffe ich mich mit den Mitreisenden und Mitfeiernden, mit denen ich mein zweites Festivalerlebnis des Jahres verbringen möchte. Fünf Freundinnen und Freunde kommen zu mir nach Hause. Fritzi schläft. Wir trinken Bier und planen unsere An- und Abreise, die Einkäufe und hören Musik. Später kommen noch mehr Freunde. Wir trinken mehr Bier. Und Wodka. Alle wollen noch weiterziehen. Zu einer Party. Ich kann nicht mit. Fritzi schläft. Ich überrede die anderen, einfach bei mir zu bleiben. Als ich ins Bett komme, ist es schon sehr spät. Noch drei Stunden schlafen, dann ist Fritzi wieder wach. Obwohl Fritzi nun in ihrem Zimmer schläft und obwohl ich nach den drei Stunden Schlaf alles andere als nüchtern und ausgeschlafen bin, höre ich sie sofort. Aufstehen. Anziehen. Fritzi lacht mich an. Zwischendurch glaube ich, sie lacht mich aus. Weil ich bestimmt schlimm aussehe. Und rieche. Ich putze meine Zähne besonders lange, in der Hoffnung, zumindest etwas des Geruchs des vorherigen Abends loszuwerden. Als ich Fritzi in den Kindergarten bringe, versuche ich, mir meinen desolaten Zustand vor den Erzieherinnen nicht anmerken zu lassen. Ich gehe wieder nach Hause und lege mich ins Bett. Dann wieder Aufstehen. Duschen. Fritzi abholen.

Am Nachmittag sind wir verabredet. Mit meiner ersten großen Liebe. Meiner ersten Freundin. Wir waren vor langer, langer Zeit für zwei Jahre zusammen. Seit fast zehn Jahren haben wir kaum Kontakt. Ein, zwei Mails pro Jahr. Facebook. Vor einigen Monaten hat sie ein Baby bekommen. Samuel. Nun haben wir uns verabredet, um uns unsere Kinder vorzuführen. Wir verbringen einen schönen Nachmittag auf dem Spielplatz und erinnern uns zusammen an die Zeit, als an Fritzi noch nicht zu denken war und sie auch noch lange nicht Samuels Mutter war. Als wir uns in einem Wahn von erster großer Liebe durchaus vorstellen konnten, irgendwann zusammen ein Kind zu bekommen. Das ist so lange her, dass wir heute gut zusammen darüber lachen können. Sie erzählt mir, dass sie gerne in ein paar Monaten, wenn Samuel neun Monate alt ist, mit ihrem Referendariat weitermachen möchte. Samuels Vater wäre dann zu Hause, das sei nicht das Problem. Aber das Stillen. Samuels Mutter möchte Samuel gerne länger stillen.

Warum?, frage ich.

Ist das nicht besser für das Kind?, fragt sie zurück.

Weiß ich nicht, antworte ich. Ich erzähle ihr von meinem Buchprojekt, von meinem Buch über mein Leben mit Fritzi. Als ich wieder zu Hause bin, schicke ich ihr mein Kapitel übers Stillen per Mail. Schnell Abendessen. Schnell Fritzi ins Bett bringen. Schnell selbst ins Bett fallen.

Wieder Auto mieten. Diesmal fürs Festival. Meine Festivalreisegruppe fährt damit schon vor. Am Donnerstag. Mit meinem Gepäck. Fritzis Mutter muss am Donnerstag bis abends arbeiten, Freitag hat sie frei. Deshalb kann ich erst am Freitag zum Festival nachfliegen. Ohne Gepäck kostet mein Flug mit einer Billigfluglinie zwölf Euro. Ich stehe früh auf, um 9 Uhr morgens bin ich am Zielflughafen. Von dort sind es noch etwa 30 Kilometer bis zum Festivalgelände. Die Sonne scheint. Ich muss mit dem Bus fahren. Für die ersten 600 Kilometer mit dem Flugzeug habe ich etwa eine Stunde gebraucht. Für die letzten 30 Kilometer mit dem Bus brauche ich inklusive Umsteigen etwa drei Stunden. Ich komme gegen Mittag ziemlich betrunken auf dem Festivalgelände an. Es wird ein tolles Wochenende. Zwischendurch telefoniere ich mit Fritzis Mutter und Fritzi. Am Sonntag geht's zurück nach Berlin, diesmal fahre ich mit den anderen mit dem Auto. Als ich zu Hause ankomme, bin ich total erschöpft. Vom Feiern. Von der Autofahrt. Und trotzdem freue ich mich wieder auf den Alltag. Fritzi ist noch wach, als ich in die Wohnung komme. Ich bringe sie ins Bett. Danach streite ich mich etwas mit Fritzis Mutter. Der Alltag hat mich wieder.

Als mich Julians Mutter am nächsten Morgen wahrscheinlich mehr aus Höflichkeit und weniger aus Interesse im Rahmen eines typischen Smalltalks in der Garderobe des Kindergartens nach meinem Wochenende fragt, erzähle ich ihr von meinem Festivalbesuch. Ach, das sei sicherlich nichts für sie. Aber mal ein freier Abend, das wäre schön, antwortet sie. Seit Julians Geburt habe sie keine Nacht mehr ohne ihr

Kind verbracht. Keine Nacht mehr durchgeschlafen. Keinen Morgen ausgeschlafen. Seit eineinhalb Jahren. Da freue sie sich auch mal wieder drauf, irgendwann. Ich erinnere mich an ein ähnliches Gespräch vor etwa einem Jahr.

Nach unserem Streit am Abend vorher haben Fritzis Mutter und ich beschlossen, es nun mit einer Doppelstrategie zu versuchen. Unter der Woche wollen wir uns weniger sehen, dafür wollen wir am Wochenende mehr gemeinsam unternehmen. Wir haben ausgemacht, dass Fritzis Mutter nun an keinem Abend der Woche nach der Arbeit zu uns kommt. Ich bin dann unter der Woche komplett mit Fritzi alleine. Dafür planen wir einen gemeinsamen Besuch beim *Berlin Festival* in drei Wochen.

Erst einmal fahre ich noch für ein paar Tage mit Fritzi nach Kassel. Dort wohnt und studiert mein Bruder, Fritzis Onkel. Meine Mutter kommt auch dorthin. Wir verbringen ein paar Tage zusammen. Meine Mutter, mein Bruder, Fritzi und ich. Wir gehen zusammen auf den Spielplatz. Wir gehen zusammen spazieren. Wir gehen zusammen essen. Dann fahre ich mit Fritzi zurück nach Berlin. Mein Bruder und meine Mutter bringen uns noch zum Bahnhof. Dort treffen wir Emil. Und Emils Vater. Emil ist etwa so alt wie Fritzi. Emils Vater ist ein Freund von Fritzis Onkel. Emil und sein Vater waren gerade zusammen im Urlaub. Bei den Großeltern. Fritzi und Emil lachen sich an. Emils Vater erzählt, dass er gerade ganz stolz sei. Es war sein erster Urlaub zusammen mit seinem Sohn und es habe eigentlich ganz gut geklappt. Natürlich vor allem aufgrund der Hilfe seiner Eltern, Emils Großeltern. Zu wem gehört eigentlich Fritzi?, fragt er. Zu mir, sage ich. Dann kommt unser Zug und Fritzi und ich müssen einsteigen. Zurück nach Berlin. Fritzi winkt. Und wirft zum Abschied ihrem Onkel und ihrer Oma eine Kusshand zu. Meine Mutter hat Tränen in den Augen. Dabei kommt sie uns schon bald für ein Wochenende besuchen, damit ich mit Fritzis Mutter zum *Berlin Festival* gehen kann.

Zwei Wochen später ist es so weit. Meine Mutter kommt am Freitagnachmittag nach Berlin, zusammen holen wir Fritzi vom Kindergarten ab. Wir verbringen den Nachmittag auf dem Spielplatz. Dann lege ich Fritzi schlafen. Ich erkläre meiner Mutter alles. Ich bin fast aufgeregter als sie. Dann gehe ich los. Zum Festival. Fritzis Mutter treffe ich vor dem Eingang zum Flughafen Tempelhof, wo das Festival stattfindet. Sie kommt direkt von der Arbeit. Wir haben uns seit dem letzten Wochenende nicht gesehen. Ich erzähle ihr von der Woche mit Fritzi. Sie erzählt von ihrer Arbeit. Es ist schön, mit ihr unterwegs zu sein. Wir müssen aber auch erst ein, zwei Bier trinken, um uns aneinander zu gewöhnen. Wir hören uns ein paar Bands an. Je später es wird, umso besser verstehen wir uns. Wir gehen noch in einen Club zusammen tanzen. Und von dort zusammen zu ihr nach Hause. Beim Verlassen des Clubs bin ich stolz, dass die schönste Frau des Abends mich mit zu sich nach Hause nimmt. Es ist aufregend. Wir haben Sex. Wir schlafen ein. Und schlafen zusammen aus. In der WG von Fritzis Mutter.

Zusammen gehen wir frühstücken und dann zu Fritzi und mir nach Hause, wo Fritzi und ihre Oma den Vormittag miteinander verbracht haben. Den Nachmittag verbringen wir zu viert. Als Fritzi im Bett ist, gehen Fritzis Mutter und ich wieder los. Zum zweiten Tag des Festivals. Wir hören uns ein paar Bands an. Wie am Vortag treffen wir einige Leute. Manchmal habe ich den Eindruck, durch mein Leben mit Fritzi den Kontakt zur Außenwelt verloren zu haben. Trotzdem treffe ich ständig irgendwo zufällig Freunde und Bekannte, die sich sogar an mich erinnern, mich grüßen und sich kurz mit mir unterhalten wollen. Das gibt mir immer wieder Mut, dass mich nicht alle vergessen haben, obwohl ich seit einiger Zeit etwas von der Bildfläche verschwunden bin.

Wir verbringen eine weitere Nacht zu zweit. Am nächsten Vormittag geht ein tolles Wochenende zu Ende. Fritzis Oma fährt zurück nach Hause. Wir verbringen den Sonntagabend zu dritt. Fritzi und ihre mal wieder etwas ineinander verliebten Eltern.

Entscheidung

Es ist an der Zeit, mir konkreter Gedanken über meine Zukunft zu machen. Ich habe einen Termin bei der Agentur für Arbeit. Zur Jobvermittlung. Ich bereite mich vor, schreibe eine DIN-A4-Seite voll mit Ideen, die ich für meine Zukunft habe. Als ich meiner Vermittlerin gegenübersitze, trage ich meine Ideen vor. Selbstständigkeit. Promotion. Masterstudiengang. Ich erzähle ihr auch von meinem Bewerbungsgespräch. Danach lasse ich mir erklären, wie ich Existenzgründungszuschuss beantragen kann, wenn ich mich selbstständig mache. Und wie lange mein Anspruch auf Arbeitslosengeld I erhalten bleibt, wenn ich ein Studium beginne und dann irgendwann merke, dass ich es nicht schaffe, es abbreche und dadurch wieder arbeitslos bin. Die Vermittlerin ist beeindruckt von meinen Ideen. Welche davon würde ich denn am liebsten verwirklichen, fragt sie. Nochmal studieren, antworte ich. Und wie wollen Sie das finanzieren?, hakt sie nach. Kindergeld. Wohngeld. Unterhalt von der Mutter meiner Tochter. Ersparnisse. Arbeiten am Wochenende. Irgendwie so. Die Vermittlerin ist nicht überzeugt. Ich müsse natürlich selbst wissen, was ich machen möchte, aber sie würde mir raten etwas zu machen, womit ich meine Tochter ernähren könne. Na gut. Dann eben Selbstständigkeit. Damit würde ich neun Monate Existenzgründungszuschuss in der Höhe meines jetzigen Arbeitslosengelds I erhalten. Ich unterschreibe eine Vereinbarung mit ihr, dass ich mich darum kümmern werde. Sie empfiehlt mir ein Existenzgründungsseminar zu machen, weil ich aber den Eindruck erweckt habe, dass ich mich schon so viel gekümmert habe, verpflichte sie mich nicht dazu. Zu Hause rechne ich im Kopf durch, wie viel Geld ich in den nächsten zwei Jahren für Fritzi und mich benötige. Ich ziehe ab, was ich voraussichtlich an Kindergeld, Wohngeld und Unterhalt bekommen werde. Der Betrag, der am Ende meiner Rechnung herauskommt, ist natürlich wesentlich größer als der Betrag, der auf meinem letzten Kontoauszug steht. Ich rechne mir aus, wie viel ich während eines Studiums ungefähr noch dazu verdienen müsste. Ach, irgendwie wird das schon hinkommen.

Entgegen der Empfehlung meiner Arbeitsvermittlerin bewerbe ich mich schließlich für einen Masterstudiengang in Frankfurt an der Oder. Für die Studiengänge in Berlin, für die ich mich interessiert hätte, kann ich aufgrund meines bisherigen Fachhochschuldiploms nicht zugelassen werden. Also Frankfurt. An der Oder. Europa-Universität. Ich wollte schon immer meine Sprachkenntnisse verbessern. Außerdem mal wieder eine neue Stadt. Natürlich bleibe ich mit Fritzi in unserer Wohnung wohnen, in Berlin-Friedrichshain. Vom

Ostbahnhof fährt der Zug genau eine Stunde nach Frankfurt. Ich versuche anhand der Kindergartenöffnungszeiten auszurechnen, in welchem Zeitraum ich pro Tag in Frankfurt sein kann. Ach, irgendwie wird das schon hinkommen.

Ich freue mich auf meinen neuen Lebensabschnitt. Nachdem ich jetzt eineinhalb Jahre mit Fritzi zu Hause war. Letztendlich hat Fritzi mein Leben mehr durcheinander geworfen, als ich mir das jemals vorher vorgestellt hätte. Fritzis Mutter und ich fragen uns manchmal, wo wir falsch abgebogen sind, um in diesem Leben zu landen, das wir nun mit Fritzi führen. Es hat sich so viel in unseren Leben verändert und die Entscheidung für unser Kind war folgenschwerer als jemals gedacht. Vor allem jetzt, gegen Ende der eineinhalb Jahre, die ich mit Fritzi und kaum sonst etwas verbracht habe, gibt es doch oft Momente, in denen ich mich sehr eingeschränkt fühle. In Fritzis ersten Lebensmonaten war alles noch so neu. Und aufregend. Spannend. Und anstrengend. Die Einschränkungen waren vielleicht sogar noch größer, ich habe allerdings viel seltener daran gedacht, dass ich wegen Fritzi jetzt nicht mit meinen Freundinnen und Freunden spontan ein Bier trinken gehen oder in den Urlaub fahren kann. Seit ein paar Monaten fühle ich mich vor allem auch körperlich wieder dazu in der Lage, abends länger wegzugehen. Auch mit Fritzi ist inzwischen einiges anders. Sie schläft mittlerweile jede Nacht gut zehn Stunden am Stück und kann schon etwas sprechen. Wenn sie noch nicht satt ist oder noch nicht genug getrunken hat, kann sie mir das deutlich kommunizieren, indem sie »mehr« sagt. Wenn sie sich beschwert, weiß ich mittlerweile ziemlich genau, was sie will und wie ich sie wieder beruhigen kann. Und trotzdem oder auch gerade deshalb merke ich nun viel häufiger, was mir in meinem Leben fehlt. Gleichzeitig traue ich es mir noch nicht zu, wieder richtig arbeiten zu gehen. Ein Studium erscheint da wie ein perfekter Kompromiss. Zumindest solange ich es irgendwie finanzieren kann. Und wenn ich jetzt nicht noch einmal etwas anderes in meinem Leben mache, mache ich es wahrscheinlich gar nicht mehr. Ich bekomme durch das Studium endlich wieder Kontakt zur Außenwelt, kann mir meinen Tagesablauf aber noch sehr individuell und flexibel aufteilen. Obwohl Fritzi mittlerweile meistens recht zuverlässig schläft, kann ich natürlich nicht einfach aus dem Haus gehen, nachdem ich sie ins Bett gelegt habe. So bin ich jeden Tag – oder, wenn ich meinen freien Abend pro Woche bedenke, zumindest fast jeden Tag – ab 19 Uhr zu Hause eingesperrt und eingeschlossen. Das wird sich auch durch mein Studium nicht ändern. Dafür bin ich aber wieder unter Menschen. Lerne neue Leute kennen. Intellektueller Input statt ausschließlich Sandkuchenbacken auf dem Spielplatz. Und die Abende kann ich dann ja nutzen, um zu lesen und Referate vorzubereiten und Hausarbeiten zu schreiben. Denke ich.

Emma

Emma ist Fritzis beste Freundin im Kindergarten. Die beiden fangen schon an gemeinsam zu lachen, wenn Emmas Mutter und ich zufällig gleichzeitig vor dem Kindergarten vorfahren. Fritzi läuft mittlerweile seit einiger Zeit, Emma fängt gerade erst damit an. Wenn Emma irgendwo ihren Schnuller oder ihr Kuscheltuch liegen lässt, hebt Fritzi es auf, rennt ihr hinterher und schreit: Emma! Emma ist eines von Fritzis ersten Worten und die erste Person, die von Fritzi mit ihrem Namen angesprochen wird. Emmas Eltern arbeiten viel. Hin und wieder bekommen sie Probleme, Arbeitszeiten und Kitaöffnungszeiten miteinander in Einklang zu bringen. Als ich das erfahre, erzähle ich von meiner Arbeitslosigkeit. Bald fange ich zwar an zu studieren, aber erst einmal habe ich noch viel Zeit. Weil sich Fritzi und Emma so gut verstehen, kann ich doch einfach mal versuchen, an einem Nachmittag beide aus dem Kindergarten mit auf den Spielplatz zu nehmen, biete ich Emmas Mutter an. Ihr fällt sofort ein Tag ein, an dem ihr das sehr gut passen würde. Sie habe sich schon gefragt, wie sie das mit Emma an diesem Tag schaffen könne.

Zufällig hat Fritzis Mutter genau an dem Tag frei und so holen wir an einem Freitagnachmittag Fritzi und Emma zusammen ab. Wir gehen auf den Spielplatz und später zu Fritzi und mir nach Hause. Die beiden haben großen Spaß miteinander. Als Emma von ihrer Mutter abgeholt wird, beschließen wir, die beiden Kinder von nun an regelmäßig auszutauschen. Einmal pro Woche. Eine Woche später bringe ich Fritzi am Samstag früh zu Emma und ihrer Mutter und hole sie nach dem Mittagsschlaf wieder ab. Wir gehen dann noch alle zusammen auf den Spielplatz. Und nach dem Spielplatz noch gemeinsam Pommes essen. Emma, Fritzi, Emmas Mutter und ich. Fritzis Mutter kommt später auch noch hinzu. Wir lästern über die anderen Eltern im Kindergarten. Und sprechen über die Schwierigkeiten, Kind und Beziehung zu vereinbaren. Emmas Mutter erzählt, sie habe gelesen, dass ein großer Anteil der Eltern am ersten Geburtstag des gemeinsamen Kindes nicht mehr zusammen sei. Sie sagt, sie ziehe zusammen mit

Emma demnächst nach Hamburg. Alleine. Ohne Emmas Vater. Beziehung und Kind seien einfach nicht miteinander zu vereinbaren gewesen. Oh, das ist traurig, sage ich.

Jedes Jahr ruft ein Verband christlicher Gruppen zu einem Schweigemarsch gegen Schwangerschaftsabbrüche auf. Die Demonstranten treffen sich am Alexanderplatz. Wir wollen zur Gegenkundgebung, Treffpunkt 100 Meter daneben. Bereits letztes Jahr waren Fritzis Mutter und ich dort. In diesem Jahr sind wir als kleine Familie unterwegs. Auf dem Weg von der U-Bahn zum Treffpunkt haben wir den Eindruck, von vielen Menschen zur falschen Demo zugeordnet zu werden. Als Familie. Wir sind glücklich mit unserer Entscheidung für das Kind. Für Fritzi. Wir haben uns ganz bewusst für Fritzi entscheiden können und sind nicht einfach durch eine gesetzliche Regelung dazu gezwungen worden, dieses Kind zu bekommen. Wir sind sehr froh darüber, dass wir diese Wahl hatten und uns in Ruhe überlegen konnten, wie Fritzi in unser Leben passen kann. Auf der anderen Seite, bei den Abbruchgegnern, läuft eine Mutter mit ihrem Kind, das nicht viel älter ist als Fritzi. Das Kind hat ein Schild um den Hals. Danke Mama, dass du mich nicht abgetrieben hast, steht darauf. Ich bin wütend auf diese Mutter, die anscheinend Dankbarkeit von ihrem Kind erwartet und es dieses schreckliche Schild um den Hals tragen lässt. Ich bin wütend auf die Menschen auf der anderen Seite, weil sie sich anmaßen, für andere Frauen zu entscheiden, was richtig ist und was nicht. Nicht immer haben Frauen die Möglichkeit, mit ihrem Partner in Ruhe zu überlegen, wie ein Kind in das gemeinsame Leben passen könnte. Manchmal mag die Entscheidung für einen Abbruch einfach die bessere sein. Und niemand anderes kann das beurteilen als die Frau, die es betrifft. Gerne werde ich Fritzi später erklären, wie es dazu kam, dass wir uns für sie entschieden haben. Ich hoffe, ich kann ihr dann verständlich machen, dass eine solche Entscheidung für oder gegen ein Kind nicht so einfach in einem Satz auf einem Schild um den Hals erklärt werden kann und dass es nie nur Argumente für oder nur Argumente gegen einen Schwangerschaftsabbruch gibt, sondern in jedem Fall legitime Argumente für beide Seiten. Ich hoffe, ich kann Fritzi dann auch verständlich machen, dass das alles aber nichts daran ändert, dass ich sie bedingungslos liebe und die Entscheidung für sie die beste Entscheidung meines Lebens war.

Später treffen wir auf der richtigen, auf unserer Seite der Demo noch Katja, Fritzis Erzieherin. Fritzi ist irritiert. Normalerweise sehen sich die beiden nur im Kindergarten. Fritzi klammert sich an mir fest. Keine Angst, das ist jetzt nicht wie im Kindergarten. Du musst jetzt nicht bei Katja bleiben, ich bleibe bei dir, sage ich ihr. Fritzi ist erleichtert. Und freut sich dann, Katja zu sehen. Wenig später gehen wir nach Hause. Fritzi, Fritzis Mutter und ich.

Ein paar Wochen später ist es soweit. Emma und ihre Mutter ziehen nach Hamburg. Fritzi und Emma müssen sich voneinander verabschieden. Am nächsten Tag findet Fritzi Emmas tolles Halstuch in der Garderobe des Kindergartens. Sie rennt damit durch die gesamte Kita und ruft nach Emma. Doch Emma ist nicht mehr da. Fritzi kommt zurück zu mir. Emma weg, sagt sie. Und schaut mich dabei traurig an. Ja, Emma wohnt jetzt in Hamburg, erkläre ich ihr. Arm, sagt sie und streckt ihre Arme nach mir aus, um von mir auf den Arm genommen zu werden. Ich versuche sie zu trösten. Emmas Mutter schreibe ich eine Mail und frage sie nach ihrer neuen Adresse, damit wir ihr Emmas

Halstuch schicken können. Sie schreibt zurück, dass sie uns das Halstuch schenkt. Als Erinnerung. Ich erzähle Fritzi davon und binde ihr das Halstuch um. Emma weg, sagt Fritzi nochmal. Dann läuft sie stolz durch die Wohnung mit ihrem neuen Halstuch.

Universität

Am letzten Wochenende vor dem Beginn meines Studiums habe ich einen freien Abend. Samstag. Endlich habe ich mal am richtigen Tag des Wochenendes frei. Wenn ich Freitagabend frei habe, sind die tollsten Partys am Samstag. Wenn ich Samstagabend frei habe, sind die tollsten Partys am Freitag. Immer. Naja, gefühlt immer. Oder zumindest oft. Diesmal nicht. Erste Party: Robert hat seine Diplomarbeit abgegeben und feiert das. Ich bin gegen 22 Uhr da. Bleibe bis 1.30 Uhr. Zweite Party: Julia ist in Berlin und legt in einem Club auf. Ich stehe auf der Gästeliste. Gegen zwei Uhr da. Bleibe bis 4.30 Uhr. Dritte Party: Eine Techno-Party von Freunden von mir in einem Club am Ostkreuz. Ich bin gegen fünf Uhr da. Robert ist mit den Gästen seiner Diplomparty auch da. Die Musik ist gut, ich tanze kurz. Dann gehe ich einmal durch den Club, um zu schauen, wer alles so da ist. Im Garten tippt mir jemand von hinten auf die Schulter. Katja. Als Elternvertreter weiß ich seit gestern, dass sie gekündigt hat und nur noch zwei Wochen Fritzis Erzieherin im Kindergarten bleiben wird. Sie hat im Nachrückverfahren noch einen Studienplatz bekommen und möchte lieber studieren statt zu arbeiten. Die anderen Eltern erfahren die Neuigkeiten erst in der kommenden

Woche. Katja und ich unterhalten uns über den Kindergarten. Über Fritzi. Wir sprechen über die anderen Kinder. Über die anderen Eltern. Wir lachen und unterhalten uns stundenlang. Wir trinken Bier. Zwischendurch tanzen wir. Sie erzählt mir, wie sie nach ihrem Hospitationstag ihren Freunden von Fritzi und Fritzis Vater erzählt hat. Der sähe aus wie Robert Stadlober. Zwischendurch wird es hell. Alle meine Freunde haben sich in der Zwischenzeit verabschiedet und sind nach Hause. Wir unterhalten uns weiter. Ich erzähle ihr, wie traurig wir sind, dass sie im Kindergarten aufhört, und wie toll ich ihren Umgang mit den Kindern finde. Wenn sie nicht gekündigt hätte, müssten wir viel distanzierter, professioneller miteinander umgehen, sagen wir beide. Dann könnte sie mir jetzt nicht sagen, dass sie findet, dass wir, Fritzis Mutter und ich, die tollsten Eltern sind. Wir trinken weiter. Tanzen noch etwas. Gegen 12 Uhr mittags gehen wir los, zusammen mit ein paar Freunden von ihr. Zum Bäcker, kurz was frühstücken. Dann gehe ich nach Hause. Duschen. Fritzi und Fritzis Mutter stehen in der Tür. Meine freie Zeit ist vorbei.

Am nächsten Morgen ist mein erster Tag an der Uni. Einführungswoche. Ich fahre nach Frankfurt/Oder. Die Uni hat eine Familienbeauftragte und trägt den Titel »familienfreundliche Hochschule«. Im Zuge des steigenden Wettbewerbs und der zunehmenden Konkurrenz zwischen Hochschulen braucht eine gute Uni heutzutage solch einen Titel. Die Familienbeauftragte bietet einen Rundgang durch die Uni an, für Studierende mit Kindern. Außer mir ist noch eine andere Mutter dabei. Wir schauen uns den Eltern-Kind-Raum an. Und die Kinderstühle in der Mensa. Und den neuen Spielplatz auf dem Universitätsplatz. Auf dem

Weg nach Hause sitzen im Zug nicht weit entfernt von mir vier Studentinnen. Sie unterhalten sich über eine Freundin, die ein Kind bekommen habe. Nun gehe sie kaum mehr aus dem Haus. Die vier unterhalten sich abfällig über überforderte Mütter. Wie kann man als Hausfrau und Mutter überfordert sein? Für die vier Studentinnen ist das völlig unverständlich. Ja gut, meine Mutter beschwert sich auch immer bei meinem Vater, dass sie überfordert sei. Aber sie schafft das ja trotzdem alles immer, sagt eine der Studentinnen. Ich schaue aus dem Fenster.

An den kommenden zwei Wochenenden findet jeweils am Samstag ein Familienfrühstück statt. Organisiert durch die Familienbeauftragte. Eins in Frankfurt/Oder, eins in Berlin. Ich gehe zu beiden. Zusammen mit Fritzi fahre ich nach Frankfurt. Dort kommen zwei andere Mütter mit ihren Kindern zum Familienfrühstück. Ich unterhalte mich mit Marcels Mutter. Sie hat sich von Marcels Vater schon während der Schwangerschaft getrennt, er kümmert sich eher unregelmäßig um seinen Sohn. Und wenn Marcel mal ein Wochenende bei seinem Vater war, komme er immer so aufgedreht und verstört zurück. Marcel ist vier Jahre alt. Seine Mutter ist sehr unglücklich mit ihrer Situation. Sie sucht Kontakt. Sie fragt mich nach meinem Leben mit Fritzi und sagt mir immer wieder, wie toll sie es finde, wie ich mich kümmere. Nach einiger Zeit wird mir das etwas zu viel. Ich fahre mit Fritzi nach Hause. In der Woche darauf sind bei dem Familienfrühstück in Berlin vier andere Mütter mit ihren Kindern. Zwei davon haben sogar den zu ihren Kindern dazugehörigen Vater mitgebracht.

Den Sonntag verbringen wir zu dritt als Familie. Am Nachmittag sind wir zusammen auf dem Spielplatz. Die

Stimmung ist nicht gut. Wir sind alle etwas erschöpft und mit unseren eigenen Lebenswelten beschäftigt. Fritzis Mutter ist mit den Gedanken bei ihrer Arbeit. Auch ich habe jetzt wieder einen Alltag über mein Leben mit Fritzi hinaus. Fritzi ist ganz mit dem Klettergerüst beschäftigt. Ihre Mutter geht nach Hause. Ich bleibe noch etwas mit Fritzi auf dem Spielplatz, dann gehen auch wir. Zu Hause ist alles voller Sand. Von Fritzi in ihren Schuhen, Socken, ihrer Hose und ihren Haaren aus dem Sandkasten des Spielplatzes nach Hause transportiert und in der Wohnung verteilt. Ich bade Fritzi, dann folgt ein Abendessen zu zweit. Fritzi beschwert sich mehrmals, dass ich mein Messer ablecke, nachdem ich mir den Frischkäse auf mein Brot geschmiert habe. Ich schaffe es einfach nicht, mir das abzugewöhnen, und mittlerweile ist Fritzi in einem Alter, in dem ich es nicht mehr vor ihr verheimlichen kann. Ich muss auch nicht rund um die Uhr ein Vorbild sein.

Trennung

Dass ich die Beziehung zu Fritzis Mutter am Ende einer besonders stressigen Woche beende, ist kein Zufall. Es ist Herbst. Es regnet. Es ist kalt. Fritzi ist erkältet. Mittwochs und freitags muss ich früh aufstehen. Manchmal muss ich Fritzi sogar wecken. Schnell anziehen. Zähne putzen. In den Kindergarten. Der macht um 7.45 Uhr auf. Fritzi ist an diesen Tagen manchmal das erste Kind dort. Verabschieden. Zum Ostbahnhof. Dort fährt mein Zug um 7.59 Uhr. Zur Uni. Wenn der Zug auch nur fünf Minuten Verspätung hat, komme ich zu spät zu meinem Seminar. Studieren. Am

Nachmittag wieder zurück nach Berlin. In die Kita. Fritzi abholen. Nach Hause. Dort bin ich meistens viel zu müde, um noch viel mit Fritzi zu spielen. Manchmal schläft Fritzis Mutter an einem Dienstag- oder Donnerstagabend bei uns. Dann kann ich alleine in Ruhe aufstehen und zum Bahnhof gehen. Manchmal kommt Fritzis Mutter auch Mittwoch- oder Freitagmorgen zu uns. Dann kann ich auch in Ruhe los. Wir streiten uns viel. In dieser Woche der Trennung streiten wir uns besonders heftig. Fritzis Mutter ist nicht ganz gesund, sie ist etwas erkältet. Ich möchte, dass sie Fritzi trotzdem an einem Tag der Woche in die Kita bringt. Wir können uns nicht einigen. Schließlich bin ich die ganze Woche alleine mit Fritzi. Ich bin alleine mit dem Stress, Fritzi, Studium und eigenes Leben irgendwie zu organisieren. In den 14 Minuten zwischen Kitaöffnung und Zugabfahrt bin ich besonders wütend auf Fritzis Mutter.

Am Samstagnachmittag sehen wir uns wieder. Wir haben uns nicht viel zu sagen und streiten uns schon wieder über die nächste Woche. Nachdem wir zusammen Fritzi ins Bett gebracht haben, mache ich Schluss. Ich beende unsere Beziehung nach fast genau drei Jahren. Fritzi ist eineinhalb Jahre alt. Nun ist sie ein Kind mit getrennten Eltern. Fritzis Mutter und ich weinen viel an diesem Abend. Dann geht Fritzis Mutter nach Hause. Und ich bin alleine mit Fritzi.

Am nächsten Morgen gehe ich mit Fritzi zu Lisa zum Frühstücken. Es ist Sonntag. Später kommt Robert noch hinzu. Ich möchte eigentlich den ganzen Tag weinen und im Bett verbringen. Aber da ist ja noch Fritzi. Lisa, Robert, Fritzi und ich verbringen den Nachmittag zusammen auf dem Spielplatz. Ich sitze auf einer Bank am Rand und rede nicht viel. Lisa und Robert spielen abwechselnd mit Fritzi. Dann gehe ich mit

Fritzi nach Hause. Am Abend kommt Fritzis Mutter nochmal vorbei, weil wir die nächste Zeit planen müssen. Es gibt kaum eine Möglichkeit, uns mal eine Weile aus dem Weg zu gehen. Wir werden uns immer wieder begegnen. Wir werden immer wieder über Fritzi verhandeln müssen. Wir sind beide unendlich traurig, dass wir es nicht miteinander hinbekommen haben. Dass wir nun an diesem Punkt angekommen sind. Nun bin ich jeden Mittwoch- und Freitagmorgen alleine. Und auch jeden Dienstag-, Donnerstag- und Samstagmorgen. Mit Fritzis Mutter einige ich mich letztlich vorerst darauf, dass Fritzi meistens von Samstagnachmittag bis Montagfrüh bei ihr sein soll. Die Lösung ist zwar nicht perfekt, wir beide sind damit unzufrieden, aber wir haben zumindest eine feste Regelung. Und hoffentlich streiten wir uns deshalb erst einmal nicht mehr jede Woche aufs Neue.

Am nächsten Morgen beginnt für mich eine neue anstrengende Woche. Fritzi bekommt eine Bindehautentzündung. Hochansteckend. Sie geht deshalb nicht in die Kita. Ich gehe nicht in die Uni, sondern bleibe mit ihr zu Hause. Und stecke mich an. Es regnet viel. Wir verbringen die Woche in der Wohnung. Mit Augentropfen und viel schlechter Laune. Mit der Aussicht auf einen Winter mit noch mehr Regen. Mit weniger Spielplatz. Und mehr Erkältungen. Fritzi wacht morgens auf und ruft mich. Ich hole sie in mein Bett. Auf meinem Smartphone schaut sie sich ein paar YouTube-Videos an. Ob es für die von Bindehautentzündung geplagten Augen besonders gut ist, Videos auf dem Smartphone anzuschauen? Ich beschließe, ein anderes Mal darüber nachzudenken. Für ein paar Minuten drehe ich mich nochmal um und mache die Augen zu. Dann stehen wir auf. Ich tropfe Fritzi unter großem Protest die Augentropfen in die Augen. Nach dem Frühstück hüpfen wir etwas durch die Wohnung. Wir schauen uns ein Buch an. Ich möchte aufräumen. Es ist immer unordentlich in unserer Wohnung, Fritzis Spielzeug ist überall verteilt. Darüber hinaus gibt es verschiedene Sammelpunkte, an denen sich kleine Haufen bilden. Beispielsweise im Bad. Im Regal gegenüber vom Waschbecken. Wenn ich mit Fritzi Zähneputzen gehe, hat sie immer irgendetwas in der Hand, was dort abgelegt und nach dem Zähneputzen vergessen wird. Ich räume Fritzis Zimmer auf. Spielzeug, das schon seit Tagen, wenn nicht schon Wochen, unbeachtet auf dem Boden liegt, wird plötzlich interessant, wenn ich es aufräumen möchte. Fritzi fällt auf, dass sie jetzt unbedingt damit spielen möchte. Zwei Minuten später liegt es wieder auf dem Boden. Irgendwie bekommen wir so die Zeit bis zum Mittagsschlaf herum. Fritzi schläft eine bis eineinhalb Stunden. Dann Mittagessen. Essen macht mit Fritzi in dieser Woche keinen Spaß. Sie isst wenig und auch nur mit viel Überredungskunst meinerseits. In der Kita gibt es vor dem Mittagsschlaf Mittagessen. Bei mir gibt es das Essen erst nach dem Schlafen. Ist es vielleicht besser, den Schlaf-/Ess-Rhythmus beziehungsweise besser Ess-/Schlaf-Rhythmus aus der Kita zu übernehmen, damit das Kind auch zu Hause besser isst? Ich beschließe, mir auch darüber ein anderes Mal Gedanken zu machen. Am Nachmittag gehen wir während einer Regenpause einkaufen. Im Supermarkt lasse ich mir extra viel Zeit. Dort sind andere Leute, die Fritzi beobachten kann, und ich kann mit ihr über Obst und Gemüse reden.

Zum Wochenende geht es unseren Augen wieder besser. Fritzis Mutter holt Fritzi am Samstagnachmittag. Ich montiere endlich Fritzis Kindersitz an mein Fahrrad und verabrede mich für den Abend mit Katja. Sie arbeitet jetzt nur noch aushilfsweise an einem Tag in der Woche in Fritzis Kita. Wir treffen uns in einer Kneipe. Und trinken Bier. Später gehen wir noch tanzen. Mit anderen Freunden. Wir unterhalten uns viel zu zweit. Später wollen wir noch woanders ein Bier trinken gehen. Es ist morgens. Wir sitzen noch etwas zu zweit mit Bier auf einer Parkbank in der Sonne.

Verantwortung

Ich verabrede mich mit Fritzis Mutter. Sie kommt zu uns nach Hause, nachdem ich Fritzi ins Bett gelegt habe. Wir trinken Sekt. Wir möchten uns nicht weiter über unsere Beziehungsprobleme unterhalten. Wir möchten auch nicht über die Aufteilung der kommenden Woche reden. Wir möchten uns nicht weiter streiten. Wir trinken mehr Sekt. Wir unterhalten uns über irgendwas. Wir lachen. Wir sind glücklich. Wir freuen uns darüber, dass wir ein so cooles Kind haben. Die Entscheidung für Fritzi war die beste Entscheidung unseres Lebens, sagt Fritzis Mutter. Sie sagt es mit einer gewissen Ironie in der Stimme, aber sie meint es ernst. In diesem Moment. Wir lachen über diese Feststellung. Natürlich war es die beste Entscheidung unseres Lebens. Wir können uns beide kein Leben mehr ohne Fritzi vorstellen. Und gleichzeitig ist alles so viel schwerer geworden. Wir wissen, dass wir das mit der besten Entscheidung unseres Lebens so niemals in der Öffentlichkeit sagen würden, dazu berücksichtigt der Satz einfach zu wenige der Aspekte unseres Elternseins. An diesem Abend wollen wir uns aber nicht weiter mit diesen einzelnen Aspekten auseinandersetzen. Wir sagen, dass wir uns lieben. Wir haben Sex. Danach liegen wir mit einem Lächeln auf den Lippen nebeneinander. Arm in Arm. Ich bin sehr glücklich, dass ich mit dir dieses Kind bekommen habe und mit keinem anderen, sagt Fritzis Mutter. Egal, wie das mit uns letztendlich weitergeht.

Wir haben uns für dieses Kind entschieden und wir werden es auch irgendwie zusammen hinbekommen, es großzuziehen. Egal, ob wir als Paar zusammen sind, zusammenleben oder eben nicht. Wir sind für unser Kind verantwortlich. Wenn es auf meine eigenen Kosten geht, kann ich mit gutem Gewissen unvernünftig sein. Ich kann am Abend zu viel trinken, wenn ich weiß, dass ich der Einzige bin, der die Kopfschmerzen am Morgen danach aushalten muss. Seit Fritzis Geburt trage ich aber nicht mehr nur die Verantwortung für mein eigenes Leben. Ich trage die Verantwortung dafür, dass es Fritzi gut geht. Ich müsste handeln, wenn es ihr schlecht geht. Ich müsste einen klaren Kopf bewahren. Ich müsste Entscheidungen treffen. Ich müsste die Entscheidung treffen, mit ihr ins Krankenhaus zu fahren, wenn sie sich den Kopf aufschlägt oder den Finger in der Tür einklemmt. Oder auch die Entscheidung treffen, dies nicht zu tun, wenn ich denke, dass der Finger wahrscheinlich nicht gebrochen ist. Ich trage aber nicht nur die Verantwortung für das physische Kindeswohl. Ich bin auch dafür verantwortlich, dass wir genügend Geld haben, damit ich Fritzi kaufen kann, was sie braucht. Wahrscheinlich sind verschiedene Eltern unterschiedlicher Meinung, wie viel Geld benötigt wird, damit ein Kind glücklich aufwachsen kann. Zumindest, da sind sich sicherlich alle einig, muss genügend Geld da sein, um ausreichend Essen einkaufen zu können. Oder Kleidung. Und etwas Spielzeug. Darüber hinaus benötige ich nicht allzu viel mehr Geld. Als ich in einem Artikel in der *Nido* lese, wie eine Mutter von den finanziellen Schwierigkeiten ihrer Familie nach der Geburt ihres Kindes berichtet, muss ich kurz schmunzeln. Jetzt, wo nur noch mein Mann voll arbeiten geht und ich mit meinem Teilzeitjob nur noch 1.700 Euro im Monat verdiene, ist ein regelmäßiger Theaterbesuch einfach nicht mehr drin, beklagt sie sich. Ich möchte der Mutter gar nicht absprechen, dass sie den Wegfall des regelmäßigen Theaterbesuchs als einen Einschnitt empfindet und er für sie in gewissem Maße einen Verlust von Lebensglück bedeutet. Ich lebe von etwa 800 Euro im Monat. Alleine. Alleine zu zweit. Fritzi und ich. Von diesen 800 Euro zahle ich auch unsere Miete. Das funktioniert natürlich nur aufgrund unseres sozialen Netzes. Für den bevorstehenden Winter bekomme ich zum Beispiel von Sophias Eltern eine Schnee- und Matschhose. Sophia zieht mit ihren Eltern weg und die drei misten deshalb aus. Hin und wieder springen auch unsere Familien ein. Insgesamt habe ich nicht das Gefühl, Fritzi wichtige Sachen vorenthalten zu müssen, auch wenn wir wenig finanziellen Spielraum haben.

An diesem Abend machen Fritzis Mutter und ich uns keine weiteren tiefgründigen Gedanken über unsere finanziellen Möglichkeiten und all die anderen Schwierigkeiten, die das Leben mit einem Kind mit sich bringen kann. Oder um die Termine am nächsten Tag. Wir sind ganz bei uns. Gegen Mitternacht schlafen wir zusammen ein.

Internet

Ich hole Fritzi aus dem Kindergarten ab. Im Garten vor der Kita steht Andrea, die neue Leiterin, zusammen mit zwei Müttern, die auch gerade ihre Kinder abholen. Andrea erzählt, dass sie heute mit ein paar größeren Kindern etwas im Internet nachgeschlagen hätten. Die beiden Mütter sind skeptisch. Muss man mit Kindergartenkindern schon ins Internet? Dabei sei doch so schönes Wetter. Wäre es nicht besser gewesen, draußen zu spielen?, fragt Timons Mutter. Wir waren ja auch draußen zum Spielen, antwortet Andrea. Sowohl am Vormittag als auch am Nachmittag. Zwischendurch hätten aber zwei der größeren Kinder eine Frage geäußert. Irgendwas über Hunde und Füchse. Sie habe da auch nicht sofort die Antwort gewusst, also hätten sie zusammen im Internet gesucht. Und eine Antwort gefunden. Die beiden Mütter sehen nicht unbedingt glücklich aus. Eine weitere Diskussion kommt aber durch die Kinder drumherum nicht zustande.

Später erzählt mir Andrea, dass sich Fritzi heute aus einem Stück Pappe einen Laptop gebaut habe. Sie habe die Pappe gefaltet, vor sich hingelegt und getippt. Ich muss lachen. Fritzi und ich sind nahezu täglich im Internet. Egal wie schön das Wetter ist. Wenn Fritzi am Wochenende besonders früh wach ist und ich gerne noch einen Moment liegen bleiben möchte, drücke ich ihr mein Smartphone in die Hand. Ich mache ihr Musikvideos an. Gerade liebt sie einen Song von *Wye Oak*. Im Video spielt eine Frau Gitarre und singt. Fritzi mag auch *Austra* oder *Feist*. Ich höre mit Fritzi keine Kinderlieder. Ich höre mit ihr Musik, die ich auch ohne sie hören würde. Als ich beim Konzert von *Wye*

Oak bin, muss ich an Fritzi denken. Als ihr Lieblingslied kommt, möchte ich sie anrufen, damit sie durch das Telefon den Song hören kann – aber Fritzi schläft währenddessen tief und fest bei ihrer Mutter.

Manchmal wünscht Fritzi sich an einem solchen Morgen auch *Pingu*. *Pingu* ist ein Knetfigurenpinguin, der in einer Schnee- und Eiseinöde verschiedene spannende Abenteuer erlebt. Mir ist es wichtig, dass Fritzi den Umgang mit Computer und Internet lernt. Fritzi wird durch mich miterleben, dass das Internet selbstverständlicher Bestandteil des alltäglichen Lebens ist. Und dass vieles ohne das Internet heutzutage schon unmöglich ist. Die Wahrscheinlichkeit, dass Fritzi irgendwann privat oder im Berufsleben auf Computer und Internet angewiesen sein wird, liegt bei 100 Prozent. Natürlich birgt das Internet Gefahren. Und ich möchte, dass Fritzi ein Bewusstsein dafür entwickelt. Ich denke, dass vor allem die Menschen gefährdet sind, die nicht mit dem Internet aufgewachsen sind, die keinen kritischen Umgang mit dem Internet gelernt haben. Wie zum Beispiel Martina, die knapp 50 Jahre alte Tante von Nadines Vater. Martina hat im Internet in einem sozialen Netzwerk jemanden kennengelernt und sich verliebt. Kurz bevor sie sich das erste Mal im realen Leben treffen wollten, strandete dieser Traummann durch einen unglücklichen Zufall irgendwo in der Welt und benötigte dringend Martinas Hilfe. Sie sollte ihm ein paar Tausend Euro überweisen, damit er sich ein Flugticket kaufen konnte, um direkt zu ihr zu fliegen. Sie überwies sofort. Der Traummann meldete sich wieder und benötigte nun noch ein paar Tausend Euro, denn irgendwas war wieder schiefgelaufen. Natürlich werde er das Geld sofort zurückzahlen, sobald er aus seiner misslichen Lage befreit sei. Denn schließlich sei er ein wohlhabender Mann. Martina lieh sich bei ihren Eltern Geld und überwies. Nachdem der Traummann Martina um noch mehr Geld bat und Martina sich bei ihrer Familie noch mehr leihen wollte, kam es zum Streit. Die Familie fing an, die Identität des Traummannes zu hinterfragen. Nach einigen Streitereien brach Martina den Kontakt zu ihrer Familie ab, weil diese ihr nicht dabei helfen wollte, endlich den Mann ihres Lebens zu bekommen. Nadines Vater erzählt mir, dass er daraufhin etwas im Internet recherchiert habe und Martinas Fall kein Einzelfall sei. Es scheint recht einfach zu sein, im Internet von alleinstehenden, über 50-jährigen Frauen ein paar Tausend Euro zu ergaunern.

Simon, ein Freund von mir, ist ganz bewusst nicht Mitglied in einem sozialen Netzwerk. Er ist stolz, seine Privatsphäre nicht an ein Unternehmen wie Facebook oder Google verkauft zu haben. Ich muss sein Bild leider zerstören. Allein dadurch, dass sich mein Smartphone ständig mit dem Internet synchronisiert und dabei auch das Adressbuch in meinem Telefon übertragen wird, weiß Google seinen Namen und seine Telefonnummer. Und ich bin sicherlich nicht der einzige seiner Freundinnen oder Freunde mit Smartphone. Bestimmt hat jemand die Telefonnummer auch noch mit einem Foto von ihm verknüpft.

Unsere Privatsphäre hat sich massiv verändert. Die Vorstellung, durch die Verweigerung der Teilnahme an Facebook oder Ähnlichem für sich weiterhin die Vorteile des vordigitalen Datenschutzes behalten zu können, ist mehr als naiv. Es mag viele gute Gründe geben, das alles problematisch zu finden. Und es gibt sicherlich auch gute Gründe dafür, sich darüber auf politischer Ebene Gedanken zu machen. Trotzdem ist das unsere Realität. Und in dieser Realität wird Fritzi aufwachsen. Viele Jugendliche, die mit dem Internet groß geworden sind, kämen niemals auf die Idee, dass zu einem »Traummann« im Internet immer zwangsläufig ein passender Traummann gleichen Aussehens und gleichen Namens in der Realität existieren müsse. Natürlich sind auch Jugendliche, die mit dem Internet aufgewachsen sind, nicht gegen alle Herausforderungen, die dieses Medium bietet, gerüstet. In meinem Job vor Fritzis Geburt habe ich Projekttage an Schulen organisiert. Dabei ging es auch um sexualpädagogische Themen. Meiner Erfahrung nach ist der Anteil der Jugendlichen, die noch nie einen Porno im Internet gesehen haben, verschwindend gering. Und fast alle dieser Jugendlichen, die hin und wieder oder regelmäßig Pornos im Internet anschauen, berichteten mir davon, dass sie nicht mit Erwachsenen darüber sprechen konnten und mit diesen ganzen Bildern alleine gelassen würden. Wenn ich im Nachhinein die Möglichkeit hatte, mit den dazugehörigen Lehrerinnen und Lehrern zu sprechen, wurde mir klar, warum es zumindest in den Schulen nicht die Möglichkeit gibt, so etwas offen zu thematisieren. Oft erntete ich als Reaktion nur ein schüchternes Kichern.

Es ist noch etwas Zeit, bis Fritzi in das Alter kommt, aber schon jetzt ist mir klar, dass es keinen Sinn macht, nicht mit ihr über Internetpornos zu sprechen und zu hoffen, dass sie erst gar nicht in Kontakt damit kommt. Ich werde versuchen, so offen wie möglich mit ihr darüber zu sprechen. Es bringt nichts, sich zum Schutz pauschal neuen Technologien gegenüber zu verschließen. Irgendwann in nicht allzu ferner Zukunft werden alle Menschen in zunehmend mehr Lebensbereichen auf Computer und

Internet angewiesen sein. Also bleibt nur die Möglichkeit, den Umgang damit zu lernen. Fritzi wird wissen, dass es einen Unterschied zwischen realen Identitäten und Identitäten im Internet gibt. Sie wird wissen, dass im Internet unzählige Informationen zu ihr zu finden sind. Ob sie möchte oder nicht. Und sie wird lernen, wie sie damit umgehen kann.

Am Abend hören wir *FM Belfast*. YouTube. Musikvideo. Vollbild auf meinem Computerbildschirm. Fritzi mag den Song. Wir hören ihn nochmal und nochmal. Dazu tanzen wir durchs Wohnzimmer.

Familien

Die Familienbeauftragte meiner Uni möchte neue Fotos für ihre Homepage und für Flyer und Plakate. Fotos von aktuellen Müttern und Vätern an der Uni. Ich fahre mit Fritzi mit dem Zug nach Frankfurt. Die Familienbeauftragte macht ein paar Fotos von uns: Fritzi und ich im Eltern-Kind-Raum. Fritzi und ich in der Mensa. Fritzi und ich auf dem Uni-Spielplatz. Fritzi und ich in der Bibliothek. Ein paar Monate später gibt es kaum mehr einen Flyer der Familienbeauftragten ohne ein Bild von Fritzi. Ich gehe in mein Seminar, während die Familienbeauftragte weiter mit Fritzi durch die Uni streift. Dann treffen wir uns wieder. Ich stelle Fritzi meinen Kommilitoninnen und Kommilitonen vor. Und umgekehrt. In meinen Seminaren hebe ich den Alternsdurchschnitt etwas. Manche Studierende beginnen mit 23 Jahren ihr Masterstudium. Als ich nochmal angefangen habe zu studieren, war ich 29 Jahre alt.

Fritzi rennt noch ein paar Minuten durch die Mensa, während wir noch etwas zusammensitzen und die Familienbeauftragte mir die Fotos von Fritzi auf ihrem Fotoapparat zeigt. Dann fahren wir mit dem Zug zurück nach Berlin. Im Gepäck-, Rollstuhl- und Kinderwagenabteil des Regionalexpress sitzt uns ein älterer Mann gegenüber. Er schaut Fritzi hinterher, wie sie durch den Zug rennt, und trinkt zwischendurch aus seiner Schnapsflasche. Ich lasse Fritzi alleine die Treppe hochgehen und höre, wie dort andere Fahrgäste mit ihr reden. Dann kommt sie zurück. Der Mann gegenüber von uns sagt, wie begeistert er von diesem Kind sei. Und von mir. Weil ich so entspannt sei. Und das Kind hier einfach so im Zug rumlaufen lasse. Fritzi lächelt ihn an. Wie heißt er?, fragt er mich. Sie heißt Fritzi, antworte ich. Ich sehe plötzlich Tränen in seinen Augen. Er habe auch eine Tochter, sagt er. Katharina. Er erzählt mir von Katharina. Er sei völlig überwältigt davon, wie ich das mit meiner Tochter hinbekomme. Er sei damals einfach abgehauen, nachdem Katharina geboren sei. Er habe einfach den Kontakt zu Katharina und ihrer Mutter abgebrochen. Er sei mit der Situation völlig überfordert gewesen. Katharina müsse nun 34 Jahre alt sein. Seit 34 Jahren habe er sie nicht mehr gesehen. Wenn er auf der Straße an seiner Tochter vorbeilaufen oder ihr im Zug gegenübersitzen würde, würde er sie nicht erkennen. Wie auch, nach 34 Jahren. Er wischt sich Tränen aus den Augen. Er wisse nicht einmal, ob er schon Opa sei. Oder ob Katharina überhaupt noch lebe. Ich habe keine große Lust, mir seine Klagen weiter anzuhören, und bin froh, als wir wieder am Ostbahnhof sind. Der Vater von Katharina steigt mit uns aus, wünscht uns alles Gute, beteuert noch ein paar Mal, wie großartig er mich findet, und dann gehen Fritzi und ich schnell in eine andere Richtung weg.

Kurz nachdem ich Fritzi an diesem Abend ins Bett gebracht habe, klopft es an meiner Wohnungstür. Luisas Mutter und ihr neuer Freund. Als Fritzi und ich ein Jahr zuvor in unsere Wohnung eingezogen sind, wohnte im Stockwerk über uns eine harmonische kleine Familie. Luisa, ihre Mutter und ihr Vater. Nach einiger Zeit kam der Vater nur noch, um Luisa abzuholen oder zurückzubringen. Als dann der neue Freund von Luisas Mutter mit in die ehemals gemeinsame Familienwohnung einzog, fing Luisas Vater an, die drei zu terrorisieren. Er sitze stundenlang vor der Wohnungstür und klopfe, erzählen mir Luisas Mutter und ihr neuer Freund, als sie bei mir in der Tür stehen. Ich solle ihn nicht ins Treppenhaus lassen, falls er wieder vor der Haustür stehe. Kein Problem, ich werde drauf achten, antworte ich. Einige Zeit später steht er wirklich an der Klingel vor der Haustür, als ich mit Fritzi nach Hause komme. Wir drängeln uns an ihm vorbei. Ich schließe die Tür auf und bin glücklich, dass er keine größeren Anstalten macht, mit uns ins Treppenhaus zu kommen. Vor seiner Nase mache ich die Tür wieder zu. Von unserer Wohnung aus kann ich sehen, dass er noch etwa 20 Minuten vor der Tür wartet, hin und wieder über uns klingelt und dann endlich geht.

Krise

Semesterferien. Ich bringe Fritzi morgens mit dem Fahrrad in die Kita und fahre anschließend direkt wieder nach Hause. Ich müsste eigentlich etwas fürs Studium lesen. Und eine

Hausarbeit schreiben. Stattdessen sitze ich zu Hause und muss weinen. Ich kann mich nicht motivieren, etwas fürs Studium zu tun. Gleichzeitig fällt mir auch nichts ein, was ich Schönes für mich tun könnte. Ich weiß nichts mit meiner Zeit anzufangen. Bevor Fritzi Teil meines Lebens wurde, habe ich mich in solchen Momenten mit Freunden getroffen oder habe einen Urlaub gebucht, um Berlin einfach für ein paar Tage hinter mir zu lassen und mich in Ruhe irgendwo zu erholen. Um dann mit neuer Kraft und neuen Ideen zurückzukommen. Meine Freundinnen und Freunde arbeiten mittlerweile größtenteils tagsüber, in der Kitazeit von 9 bis 15 Uhr sind wenige von ihnen für ein Treffen verfügbar. Und selbst für einen kurzen Kurzurlaub ist die Zeit zu knapp, wenn ich am Nachmittag Fritzi wieder von der Kita abholen muss. Mein Leben scheint nur noch aus Fritzi und meinen gelegentlichen freien Abenden zu bestehen, an denen ich mich dann regelmäßig und übermäßig betrinke. Gesund ist das auf Dauer jedenfalls nicht. Was sind eigentlich meine Interessen? In Fritzis erstem Lebensjahr blieb nur minimale Zeit und Energie für meine eigenen Bedürfnisse. Hin und wieder funktionierte es in dieser ersten Zeit mit Fritzi ganz gut, einfach ein Foto von ihr bei Facebook hochzuladen, wenn es mir mal nicht so gut ging oder ich mich einsam fühlte. Innerhalb weniger Stunden klickte eine gewaltige Anzahl an Freunden, dass ihnen das Bild gefällt. Das bot dann zumindest irgendwie die Möglichkeit, daraus eine Form von Selbstbestätigung abzuleiten. Und es bot eine Illusion der Teilhabe am gesellschaftlichen Leben. Ein besonders niedliches Foto von Fritzi kommentierte Moritz mit den Worten: Oh jott! Ick sterbe an diabetischem Schock … wie süüüüüüüüß! Spätestens dann war normalerweise die Laune für ein paar Stunden wieder gerettet. Als Fritzi etwas größer wurde und ich wieder einigermaßen regelmäßig durchschlafen konnte, hatte ich zumindest an einem Abend in der Woche wieder genügend Zeit und Energie, um auszugehen. Irgendwann kamen dann die kraftraubenden ständigen Streitereien mit Fritzis Mutter hinzu.

Mein Studium gefällt mir. Ich beschäftige mich mit Dingen, die mich schon länger interessieren, und lerne Polnisch an der Uni. Das macht mir Spaß. Jetzt in den Semesterferien fehlen mir der Ausgleich und die Beschäftigung mit meinen eigenen Interessen. Mein Leben kommt mir völlig trostlos vor. Und zum eigenständigen Arbeiten habe ich keine Energie. Ich verbringe ein paar Vormittage weinend zu Hause. So kann es nicht weitergehen. Ich verbringe nicht nur die Vormittage weinend zu Hause, sondern bin dann am Nachmittag mit Fritzi ebenfalls schlecht gelaunt. Fritzi leidet unter meiner Stimmung. Ich bin weniger geduldig. Wir streiten. Dazu hat Fritzi sich entschlossen, in der Kita keinen Mittagsschlaf mehr zu machen. Es ist viel spannender, in der Zeit, in der die anderen Kleinen in der Kita schlafen, mit den Größeren zu spielen. Fritzi ist von den Erzieherinnen nicht mehr dazu zu bewegen zu schlafen. Das wirkt sich auf ihre Laune am Nachmittag nicht wirklich positiv aus. Sie ist oft völlig übermüdet und wir streiten uns noch mehr. Nachdem wir uns für eine gewisse Zeit gefreut hatten, zusammen mit dem Fahrrad zur Kita und zurück zu fahren, beschließe ich, sie wieder mit dem Kinderwagen in die Kita zu bringen. Oft schläft sie darin auf dem Rückweg nach Hause ein. Nach einer halben Stunde Schlaf im Kinderwagen ist der Rest des Tages mit ihr etwas erträglicher. Wir streiten uns trotzdem.

Ich gehe zum Arzt. Akutsprechstunde. Ich erzähle ihm, wie es mir geht. Und fange im Sprechzimmer an zu weinen. Dann frage ich ihn, ob er nicht einfach mal meinen Eisenwert kontrollieren möchte. Vielleicht habe ich einfach nur Eisenmangel und bin deshalb so kraftlos. Sage ich zu ihm. Er nimmt mir Blut ab. Und sagt mir, ich solle mir mal überlegen, ob ich eine Psychotherapie machen möchte. Er gibt mir eine Überweisung mit. Überforderungssyndrom, steht darauf.

Am Abend kommt Lisa, um auf Fritzi aufzupassen, damit ich zum Elternabend der Kita gehen kann. Nach den üblichen organisatorischen Informationen möchten die Erzieherinnen etwas von ihrem pädagogischen Ansatz erzählen und führen ein paar Spiele und Methoden vor. In einem Spiel geht es um Geduld. Einige Eltern sagen, dass sie niemals so geduldig mit ihrem Kind umgehen könnten wie in der vorgeführten Methode. Wenn ein Elternteil so geduldig sein könne, dann sei das Fritzis Vater. Sagt Charlottes Mutter. Sie sei immer beeindruckt, mit welcher Ruhe ich Fritzi in die Kita bringe und abhole, auch wenn diese gerade beispielsweise gar keine Lust habe, ihre Schuhe wahlweise an- oder auszuziehen. Ich muss mich sehr anstrengen, vor den anderen Eltern nicht loszuweinen. Ich sage nicht, dass es mit meiner Geduld eigentlich gerade völlig anders aussieht.

Ein paar Tage später sagt mir mein Arzt, dass mit meinem Eisenwert alles in Ordnung ist. Ich verabrede mich mit Nico, damit ich am Nachmittag nicht mit Fritzi allein bin. Zusammen holen wir Fritzi aus dem Kindergarten ab. Als Fritzi mich sieht, rennt sie auf mich zu. Jochen, meine Mama, ruft sie. Und freut sich. Wir haben einen tollen Nachmittag zu dritt. Zwischendurch rede ich mit Nico viel über meine Situation. Er nimmt mich in den Arm, als ich anfangen muss zu weinen. Wir essen am Abend noch zusammen. Es gibt Nudeln mit Pesto. Das ist einfach und schmeckt uns allen. Als Nico nach Hause gefahren ist und Fritzi im Bett liegt, freue ich mich über den schönen Tag.

Ich hänge alle Bilder von Fritzis Mutter ab. Nur in Fritzis Zimmer lasse ich ein Bild hängen, auf dem die beiden zusammen lachen. Ich schreibe Fritzis Mutter in einer E-Mail, dass ich keine Kraft mehr habe, mich mit ihr zu streiten. Ich möchte meine Kraft lieber anderweitig investieren, als mit ihr über die Aufteilung der Woche zu verhandeln. Ich möchte eine klare Regelung. Und ich möchte ihr so weit wie möglich aus dem Weg gehen. Ich möchte, dass sie Fritzi jedes zweite Wochenende zu sich nimmt. Ich möchte, dass sie Fritzi an jedem zweiten Wochenende am Freitagnachmittag aus der Kita holt. Ich hole sie dann montags aus der Kita und verbringe mit ihr eineinhalb Wochen bis zum übernächsten Freitagmorgen. Elf Tage und Nächte am Stück. So müssen wir uns erst einmal nicht mehr begegnen. Fritzis Mutter schreibt mir zurück, dass sie es schade findet, dass ich diesen Kontaktabbruch brauche. Sie schreibt auch, dass sie mit der Regelung einverstanden ist.

Regenwurm

Kurzfristig einen Therapieplatz zu finden, ist nahezu unmöglich. Ich telefoniere herum. Und erreiche nichts. Meine Uni bietet eine psychosoziale Beratung an, dort bekomme ich einen Termin. Da Semesterferien sind, muss ich extra zur Beratung nach Frankfurt fahren. Am Morgen bringe ich

Fritzi in die Kita. Es regnet. Ich habe noch etwas Zeit, bis mein Zug fährt. Vor der Kita sehen wir einen Regenwurm auf dem Gehweg. Wir beobachten ihn. Fritzi ist hochkonzentriert und bewegt sich kaum. Sie sitzt nahezu regungslos im Kinderwagen und dreht nur ihren Kopf in der Geschwindigkeit, in der der Regenwurm über den Gehweg kriecht. Ihre Augen strahlen. Nach einer Weile schaut sie zu mir. Wir unterhalten uns über den Regenwurm in ihrer Sprache, die mittlerweile immer mehr verständliche Worte enthält. Ich liebe diese Momente, in denen wir alles andere um uns herum vergessen und uns nur für uns und vielleicht noch den Regenwurm interessieren.

Nachdem ich Fritzi in der Kita abgegeben habe, fahre ich nach Frankfurt. Psychosoziale Beratung. Es hilft, nicht nur mit meinen Freunden, sondern auch mal mit einer Fremden über meine Situation zu sprechen. Mit einer Psychologin, die extra für solche Gespräche ausgebildet ist. Ich erzähle von meiner Überforderung und von meiner Antriebslosigkeit. Ich erzähle von meinen Streitereien mit Fritzis Mutter. Und von meiner Wut auf sie, dass sie sich einfach einen neuen Freund gesucht hat und mich die meiste Zeit mit dem Kind und vor allem mit der ganzen Verantwortung, die damit zusammenhängt, alleine lässt. Ich erzähle, dass ich versuche, Fritzis Mutter so weit wie möglich aus dem Weg zu gehen. Und ich erzähle der Psychologin von dem Familienprojekt, das ich mir zusammen mit Fritzis Mutter überlegt hatte. Ich erzähle ihr, dass wir vieles anders machen wollten als all die anderen Eltern in unserem Umfeld. Ich erzähle ihr, dass Fritzi seit ihrer Geburt bei mir wohnt. Und dass ich von Beginn an die Hauptbezugsperson für Fritzi war. Und dass immer klar war, dass sich das auch nicht ändern würde, wenn ich mit Fritzis Mutter mal irgendwann nicht mehr zusammen sein sollte. Ich kann Fritzis Mutter keinen Vorwurf daraus machen, dass unsere Beziehung gescheitert ist. Ich kann ihr keinen Vorwurf daraus machen, dass wir gerade keinen Weg finden, miteinander zu sprechen und zusammen nach Lösungen zu suchen, mit denen wir beide glücklich sind. Ich kann ihr keinen Vorwurf daraus machen, dass ich deshalb nun die meiste Zeit der Woche mit dem Kind alleine dastehe. Ich möchte weiterhin die Hauptverantwortung für unsere Tochter tragen. Trotz der Überforderung. Ich erzähle auch, dass ich dieses Familienprojekt, das ich mit Fritzis Mutter irgendwann vor zweieinhalb Jahren gestartet habe, nicht einfach so beerdigen kann und weiterhin ständig darüber nachdenken muss. Und dass ich nicht weiß, was ich eigentlich für mich tun kann, damit es mir wieder besser geht. Und ich erzähle von den glücklichen Momenten mit Fritzi. Ich erzähle vom Regenwurm an diesem Morgen.

Später fahre ich wieder nach Berlin. Am Nachmittag hole ich Fritzi aus der Kita ab. Sie läuft freudestrahlend auf mich zu. Meine Mama ist da, ruft sie stolz durch die gesamte Kita. Charlottes Mutter, die gerade ihr Kind abholt, korrigiert sie. Das ist doch nicht deine Mama. Fritzi bleibt kurz irritiert stehen. Traurig und mit fragendem Blick kommt sie weiter auf mich zu.

Meine Mama?, fragt sie mich.

Natürlich bin ich deine Mama, antworte ich ihr. Oder dein Papa. Wie du möchtest.

Fritzi ist erleichtert.

Wir haben einen schönen Nachmittag wie lange nicht mehr. Ich recherchiere nach einer Beratungsstelle in Berlin, wo ich mich kurzfristig für ein paar Termine mit jemandem über meine Situation unterhalten kann, und finde ein Angebot des Familienplanungszentrums, bei dem ich mit Fritzis Mutter vor zweieinhalb Jahren schon zur Schwangerschaftskonfliktberatung war. Außerdem beschließe ich, eine Mutter-Kind-Kur zu beantragen. Drei Wochen mit Fritzi an der Nord- oder Ostsee – klingt nach einem guten Erholungsprogramm. Mal raus aus Berlin. Zusammen mit anderen überforderten Müttern. Ich nehme mir vor, am nächsten Tag zum Arzt zu gehen, um mit ihm über die Antragsstellung zu sprechen.

Fritzi kotzt die ganze Nacht. Ich rufe am Morgen in der Kita an, dass sie nicht kommen kann, verbringe mit ihr den Tag zu Hause und kann nicht zu meinem Arzt gehen, um mit ihm über eine Mutter-Kind-Kur zu sprechen. Zum Glück ist Fritzi schnell wieder fit. Wahrscheinlich hat sie nur was Falsches gegessen.

Am nächsten Tag bringe ich sie wieder in die Kita. Als ich sie dort abgeben will, spricht mich Andrea an. Einige Erzieherinnen seien krank. Ob ich Fritzi schon um 12 Uhr wieder abholen könne? Auch der Termin für das jährliche Entwicklungsgespräch, den wir ausgemacht hatten, müsse verschoben werden. Kein Problem, sage ich, gehe nach Hause und habe ausnahmsweise mal nur drei freie Stunden am Vormittag. Dabei habe ich dieses Mal sogar eine Beschäftigung. Eine Redakteurin des *Missy Magazins* möchte mich interviewen. Für eine Reportage über Väter, die sich kümmern und mindestens die Hälfte der Betreuung ihrer Kinder übernehmen. Ein paar Tage später kommt uns noch eine Fotografin besuchen, um Fotos von uns für das Magazin zu machen. Fritzi und ich werden die Titelheldinnen der Geschichte.

Jahr 3 – KLETTERN. QUATSCHEN. STREITEN. FRAGEN. LACHEN.

Zwei

Fritzi wird zwei Jahre alt. Fritzis Mutter backt den Kuchen für die Kita, ich richte dafür den Kindergeburtstag zu Hause aus. Fritzis Mutter bringt Fritzi in die Kita. Dort feiert sie zusammen mit den anderen Kindern und den Erzieherinnen ihren zweiten Geburtstag. Fritzis Mutter holt sie auch wieder ab, etwas früher als sonst. Fritzis Oma, Opa und Uroma sind da. Zweite Geburtstagsfeier: Mittagessen mit der Familie von Fritzis Mutter. Dann bringt Fritzis Mutter Fritzi zu mir. Dritte Geburtstagsfeier: Kindergeburtstag bei uns. Zum ersten Mal in meinem Leben schaffe ich es, aufgepustete Luftballons zuzuknoten. Ich konnte das nie. Nun versuche ich es minutenlang, bis es endlich klappt. Mein Leben mit Fritzi stellt mich vor immer neue Herausforderungen, und ich werde versuchen, sie alle zu meistern. Julian, Lena und Hendrik kommen zu Fritzis Kindergeburtstag, zusammen mit Julians Vater und Lenas und Hendriks Müttern. Vier Kinder in unserer Wohnung, alle etwa im selben Alter. Draußen regnet es, deshalb gehen wir nicht zusammen auf den Spielplatz. Am Anfang ist alles super. Dann wird Fritzi langsam müde. Und findet es irgendwann nicht mehr so lustig, dass da andere Kinder mit ihren Spielsachen spielen. Es wird sehr anstrengend. Ich lerne, in Zukunft nicht drei Geburtstagsfeiern für Fritzi an einem Tag stattfinden zu lassen. Ich nehme Fritzi auf meinen Arm. Wie alt bist du?, frage ich sie. Sie schaut ganz konzentriert auf ihre Hand. Dann streckt sie mir Zeige- und Mittelfinger entgegen. Zwei, sagt sie. Ich bin begeistert. Ich bin stolz auf sie. Wie groß sie schon ist. Was sie schon alles kann. Und ich bin stolz auf mich. Was ich mit Fritzi schon alles erlebt habe. Was ich mit ihr schon alles geschafft und überstanden habe.

Nachdem die Erzieherinnen in der Kita alle wieder gesund sind, steht das jährliche Entwicklungsgespräch an. Ich habe etwas Sorge, dass der ganze Stress zwischen Fritzis Mutter und mir Fritzi belastet. Sie bekommt mit, dass es mir nicht so gut geht. Sie bekommt auch mit, dass Fritzis Mutter und ich uns nicht mehr viel zu sagen haben und wir versuchen, uns so weit wie möglich aus dem Weg zu gehen. Ich erzähle Nicole, Fritzis Bezugserzieherin, von meiner Sorge, wie sich das Beziehungschaos ihrer Eltern auf Fritzi auswirkt. Nicole ist völlig überrascht. Das hätte sie nicht gedacht. Sie erlebe wenige so fröhliche Kinder wie Fritzi. Alle Erzieherinnen seien manchmal regelrecht begeistert, wie intensiv sich Fritzi über manche Dinge freuen könne. Und wie konzentriert und ausdauernd sie manchmal arbeite oder spiele. Ich bin unheimlich froh. An manchen Stellen des Gesprächs muss ich vor Erleichterung, vor Rührung und vor Stolz ein paar Tränchen unterdrücken. Ich hatte, im Gegensatz zu vielen anderen Jungs oder Männern, auch bevor Fritzi in mein Leben getreten ist kein Problem damit zu weinen. Wie oft mir wegen Fritzi zum Heulen zu Mute ist, überfordert mich dennoch manchmal. Ich finde es unglaublich, wie ein einziger Mensch – und noch dazu so ein kleiner Mensch – so nah an mich herankommen und mich so verletzlich machen kann.

Wir reden noch etwas darüber, was Fritzi alles schon kann und wie viel sie schon spricht. Und darüber, wie sie mich in letzter Zeit häufig nennt: Mama. Und wie traurig sie ist, wenn sie von anderen deswegen korrigiert wird. Natürlich reden alle Kinder in der Kita häufig über ihre Mamas. Wann holt mich meine Mama ab? Meine Mama sagt, ich muss keinen Mittagsschlaf machen. Heute Nachmittag gehe ich mit meiner Mama auf den Spielplatz. Wie soll Fritzi verstehen, dass ausgerechnet sie ein anderes Wort verwenden soll? »Mama« ist in dem Alter eindeutig weniger eine Geschlechts- als vielmehr eine Rollenzuschreibung. Und wenn ich mich nun mal in der Mama-Rolle befinde, dann nennt mich Fritzi natürlich auch so. Ich habe kein Problem damit, Fritzi darf mich nennen wie sie möchte.

Nach dem Gespräch fahre ich glücklich nach Hause. Als ich Fritzi am Nachmittag von der Kita abhole, läuft sie freudestrahlend auf mich zu. Meine Mama ist da, ruft sie. Sie dreht sich um. Meine Mama ist da, ruft sie Nicole zu. Nicole nickt. Ja, deine Mama ist da. Fritzi lacht und läuft in meine Arme.

In der Woche darauf steht die nächste Vorsorgeuntersuchung beim Kinderarzt an. Ich fahre mit Fritzi morgens vor der Kita mit dem Fahrrad zur Arztpraxis. Wir müssen nicht lange warten, dann sitzen wir im Untersuchungszimmer. Ich soll Fritzi schon einmal ausziehen, bevor der Arzt kommt. Fritzi turnt nackt bis auf die Windel im Zimmer herum. Sie lacht. Als der Arzt endlich ins Zimmer kommt, ist sie kurz ruhig und unsicher. Dann fängt sie wieder an zu lächeln. Ob sie immer so fröhlich sei, fragt er. Naja, sie hat hier auch schon mal während der gesamten Untersuchung nur geschrien, antworte ich. Daran kann er sich nicht erinnern. Er lacht zusammen mit Fritzi. Ein Bilderbuchkind haben Sie da, meint er. Alles bestens mit Ihrem Kind. Nun noch eine Spritze. Impfung. Ich nehme Fritzi auf den Arm. Als sich die Spritze in ihren Oberschenkel bohrt, erschreckt sich Fritzi kurz. Dann fängt sie wieder an zu lächeln. Der Arzt ist begeistert. Ich bin begeistert. Und stolz. Auf meine Fritzi. Ich schreibe Fritzis Mutter eine SMS. Um meinen Stolz mit ihr zu teilen. Und um ihr einfach zu sagen, dass mit Fritzi alles in Ordnung ist. Wieder auf dem Fahrrad bin ich für einen Moment glücklich. Und ich muss mir wieder ein paar Tränchen verkneifen. Ich freue mich auf alles, was ich in den nächsten Jahren noch mit Fritzi erleben werde. Ich bin völlig aufgewühlt. Und fühle mich gleichzeitig total überfordert von all den Herausforderungen, die noch auf uns warten.

Gummistiefel

Ich mache mir einen Stundenplan für mein neues Semester. Halbwegs mit meinem Studium voranzukommen und einigermaßen spannende Seminare zu besuchen, stellt mich bei der Planung vor große Herausforderungen. Ich möchte zwei Nachmittage an der Uni verbringen und plane, dienstags und donnerstags nach Frankfurt zu fahren. Mein Unitag endet dann jeweils um 16 Uhr. Fritzis Kita schließt um 16.45 Uhr. Bis ich wieder zurück in Berlin bin, ist die Kita zu. Ich überlege, ob ich es schaffen kann, zweimal die Woche einen Babysitter zu organisieren. Geld, um jemanden dafür zu bezahlen, habe ich nicht. Es geht jeweils nur um eine bis zwei Stunden, für einen Zeitraum von etwa zwölf Wochen. Insgesamt 24 Termine. Vielleicht sollte ich das mit dem Studium doch einfach wieder sein lassen und mir einen Teilzeitjob suchen. Ich bin nicht besonders gut darin, um Hilfe zu bitten. Schließlich überwinde ich mich und telefoniere alle meine Freundinnen und Freunde durch, die für die Aufgabe in Frage kommen. Kannst du mir mit Fritzi helfen?, frage ich am Telefon. Ich versuche, so viele Termine wie möglich sofort zu vergeben. Nach etwa zwei Stunden habe ich die Dienstage und Donnerstage der nächsten zwei Monate unter Nico, Robert, Katja, Eva, Lisa sowie Julians Eltern aufgeteilt. Ich gebe in der Kita einen Zettel mit den ganzen Namen ab: Hiermit erlaube ich Nico, Robert, Katja, Eva, Lisa sowie Julians Eltern Fritzi aus der Kita abzuholen. Das neue Semester kann beginnen.

An einem Donnerstag spricht mich im Zug zurück nach Berlin eine Kommilitonin an. Du hast auch ein Kind?, fragt sie. Wir unterhalten uns über Fritzi und Mia. Mia ist etwa so alt wie Fritzi. Mias Mutter ist 25. Mia, Mias Mutter und Mias Vater wohnen zusammen in Charlottenburg. Mias Mutter ist nett. Wir unterhalten uns lange darüber, wie das ist, so jung schon ein Kind zu haben und in Friedrichshain oder Charlottenburg die Nachmittage auf den Kinderspielplätzen mit den ganzen anderen Eltern zu verbringen.

Euer Modell ist schon ungewöhnlich, sagt sie. Oder ist bei euch was Schlimmes passiert?, fragt sie plötzlich kurz verunsichert.

Nein. Nichts Schlimmes passiert. Alles frei gewählt, antworte ich.

Natürlich nicht alles frei gewählt. Grundsätzlich wäre ich schon noch gerne mit Fritzis Mutter zusammen. Aber dass die Eltern nicht mehr zusammen sind, kommt ja schließlich in den besten Familien vor. Wir verabreden uns für einen Nachmittag. Mia, Fritzi, Mias Mutter und ich.

Abenteuerspielplatz in Köpenick. Der Spielplatz hat geschlossen. Merken wir, als wir davorstehen. Mias Mutter kennt ein Eltern-Kind-Café in der Nähe. Das Café hat geschlossen. Merken wir, als wir davor stehen. Wir gehen ein wenig durch die Straßen auf der Suche nach einer Alternativbeschäftigung. Vom Regenschauer am Vormittag haben sich Pfützen auf den Straßen gebildet. Fritzi trägt Gummistiefel. Sie liebt ihre Gummistiefel. Fritzi hüpft in jede Pfütze. Mia, Mias Mutter und ich stehen daneben. Ein Vater kommt mit seinen beiden Söhnen vorbei. Die Söhne sind etwa acht und zehn Jahre alt. Auch sie wollen etwas in der Pfütze hüpfen. Sie gehen langsam auf Fritzi zu, bleiben aber zunächst am Rand der Pfütze stehen, weil Fritzi mit ihrem wilden Herumhüpfen die gesamte nähere Umgebung bespritzt und sich die beiden nicht in die Pfütze hineintrauen. Auch Mia steht schüchtern hinter ihrer Mutter. Der Vater lächelt uns an. So sei das mit den Geschlechtern, Jungs und Mädchen seien eben doch verschieden. Die drei Jungs spielen in der Pfütze und das Mädchen steht schüchtern daneben, sagt er. Und lacht. Ich bin sprachlos. Dass Fritzi für einen Jungen gehalten wird, weil sie nicht rosa angezogen ist, bin ich mittlerweile gewohnt. Dass ihr Verhalten aber zusätzlich noch so unpassend anhand von Rollenklischees interpretiert wird, schockiert mich. Schließlich stehen auch seine Söhne erst einmal schüchtern neben der Pfütze, aber das scheint er nicht bemerkt zu haben. Ich bin fest davon überzeugt, dass solche Aussagen immer auch normativ von Kindern verstanden werden. Wenn Erwachsene sagen, dass Jungs in Pfützen hüpfen und Mädchen mit Puppen spielen, dann ist das gegenüber Kindern nie nur eine Beschreibung der eigenen Wahrnehmung der Welt. Es drückt gleichzeitig eine Erwartungshaltung aus – Jungs werden ermutigt, in Pfützen zu hüpfen, und Mädchen werden ermutigt, mit Puppen zu spielen. Und sicherlich ist es keine Ermutigung für ein zuhörendes Mädchen, ebenfalls in der Pfütze zu hüpfen, selbst wenn sie es eigentlich gerne tun würde.

An einem verlängerten Wochenende fahre ich mit Fritzi nach Hamburg. Wir wollen Emma und ihre Mutter besuchen. Die beiden holen uns am Bahnhof ab. Emma und Fritzi haben sich über ein halbes Jahr nicht gesehen, aber sie erkennen sich sofort. Auf dem Weg zu einem Hamburger Spielplatz schieben Emmas Mutter und ich Emma und Fritzi in ihren Kinderwägen durch die Straßen. Wir kommen an einigen Pfützen vom Regen des Vormittags vorbei. Fritzi hat plötzlich eine Erinnerung. Gestern habe sie in der Pfütze gespielt, ruft sie. Mit der Betonung auf dem Wort »gestern«. Mit Mia, fügt sie hinzu. Das war nicht gestern, sondern ist schon ein paar Tage länger her, erkläre ich ihr. Gestern ist gerade ihr universelles Wort für alles, was in der Vergangenheit liegt. Es ist nur eine kurze Strecke zum Spielplatz und ich schnalle Fritzi im Kinderwagen nicht an. An einer Bordsteinkante bleibt der Kinderwagen hängen und stoppt plötzlich. Durch die unvorhergesehene Vollbremsung fliegt Fritzi nach vorne aus dem Wagen und mit dem Gesicht direkt auf den Gehweg. Sie schreit. Ich hebe sie auf, ihr läuft Blut übers Gesicht. Sie ist direkt auf die Nase geflogen. Zum

Glück stoppt die Blutung schnell und es ist nichts Schlimmeres passiert. Wenig später können wir beide zusammen darüber lachen. Noch Wochen später wird Fritzi davon erzählen, wie sie in Hamburg aus dem Kinderwagen gefallen ist. Und dass ich sie deshalb nun immer anschnallen muss, wenn wir mit dem Kinderwagen unterwegs sind. Stolz erzählt sie, dass ihr dabei das Blut über das Gesicht gelaufen ist. Und lacht. Meine tapfere Heldin.

Lebensphasen

Im neuen Semester belege ich ein Seminar, das in Polen stattfindet. In Słubice, direkt hinter der Grenzbrücke. Das Gebäude gehört zur Uni Poznań, mit der meine Uni kooperiert. Da das Seminar von meiner Uni angeboten wird, ist es auf Deutsch. So gut ist mein Polnisch noch nicht, dass ich in der Sprache studieren könnte. Als ich in den Seminarraum komme, ist er voll. Etwa 30 Studentinnen sind da. Es geht um Geschlecht, Lehrstuhl Gender Studies. Ich bin der einzige Mann im Raum. Neben Judith, die ich schon aus meinen Polnischkurs kenne, ist noch ein Platz frei. Ich melde mich für ein Referat und eine Hausarbeit zum Thema »Geschlecht und Elternschaft«. Gerade sind einige Bücher über das Leben mit kleinen Kindern erschienen, das scheint ein neuer Trend zu sein. Viele Bücher von Müttern. Auch Bücher, die Eltern zusammen geschrieben haben. Und ein paar Bücher von Vätern. Väter in Elternzeit, die darüber berichten, wie es ihnen ergangen ist in ihrer Zeit zu Hause. Alleine mit Kind. Ich möchte alle diese Bücher lesen. Vielleicht kann ich mit einigen der Gedanken und Anregungen aus diesen Büchern auch außerhalb der Uni etwas anfangen, von anderen engagierten Vätern lernen.

Mitten im Semester habe ich Geburtstag. Trotzdem fahre ich ganz normal zur Uni. Im Zug nach Frankfurt sitze ich neben einem Kommilitonen, den ich im vorigen Semester kennengelernt habe. Er fragt mich, wie es mir geht. Ach, naja, etwas komisch. Älterwerden und so, antworte ich. Ich erzähle ihm, dass ich Geburtstag habe.

Also, wenn du 30 werden würdest, könnte ich verstehen, dass das komisch ist, sagt er. Aber in unserem Alter ist das mit dem Älterwerden doch noch kein Problem, fügt er hinzu.

Ich werde heute 30, sage ich ihm.

In manchen Situationen merke ich, dass das Studileben nicht mehr so ganz zu meiner Lebensphase passt. Unter den ganzen jungen Studierenden fühle ich mich manchmal ganz schön alt.

Konstantin, ein Kindergartenfreund von Fritzi, zieht mit seinen Eltern nach Eberswalde. Der Vater von Konstantin hat dort einen Job gefunden. Ich unterhalte mich mit Konstantins Mutter und einigen anderen Müttern aus dem Kindergarten auf dem Spielplatz. Konstantins Mutter ist nicht so begeistert von dem Umzug und würde lieber in Berlin bleiben. Vor wenigen Monaten ist Konstantins kleine Schwester geboren worden und gerade ist sie viel mit den beiden Kindern allein. Konstantins Vater habe seinen Job in Eberswalde schon angetreten. Und wenn er dann spät abends nach Hause komme, könne sie ihn auch nicht mehr mit ihren Problemen mit den beiden Kindern belasten. Schließlich habe er durch seinen neuen Job und die viele Verantwortung, die er dort trage, ja schon genug um die Ohren, erzählt sie. Vielleicht werde das ja alles einfacher, wenn die ganze Familie nach Eberswalde umgezogen sei. Dort habe sie dann zwar nicht mehr ihre Freundinnen, die ihr helfen könnten, dafür komme aber Konstantins Vater eine Stunde früher von der Arbeit nach Hause. Viele Eltern in meinem Umfeld haben nur noch Beruf und Kind im Kopf. Genauer: Viele Väter haben nur noch ihren Beruf im Kopf. Viele Mütter haben deshalb zwangsläufig nur noch ihre Kinder im Kopf. Wenn die Kinder etwas größer sind, es gut läuft und die Mütter deshalb auch wieder in den Beruf einsteigen können, haben auch viele Mütter nur noch Beruf und Kind im Kopf. Unter den Müttern auf dem Spielplatz fühle ich mich oft sehr jung. Ich habe zwar auch ein Kind und bin nun also 30, aber ich habe weiterhin keinen konkreten Plan für mein Leben. Ich möchte eigentlich auch gerne weiter auf der Suche bleiben.

Zum Glück beschert mir mein Studium, auch wenn ich mich gelegentlich etwas zu alt und deplatziert fühle, auch immer wieder schöne Momente. An meinem Geburtstag fängt in meinem Polnischkurs die Reihe hinter mir plötzlich und unvermittelt an zu singen. Meine Kommilitoninnen und Kommilitonen singen mir ein Geburtstagsständchen auf Polnisch. Sto lat, sto lat. Ich verabrede ich mich außerdem mit Judith für unser Seminar zu einer kleinen Geschlechter-Performance. Sie zieht ein Hemd und eine Krawatte an, ich lackiere mir mal wieder die Fingernägel. Das mache ich auch außerhalb der Uni hin und wieder gerne. Es gibt wahrlich bemerkenswertere Aktionen zu dem Thema, aber wir freuen uns über unsere Transferleistung aus der Wissenschaft ins praktische Leben.

Auch Fritzi beginnt mittlerweile, sich bewusster für ihren Körper und für Geschlechterunterschiede zu interessieren.

Ich möchte mir ein paar Gedanken dazu machen, wie ich mit ihr darüber sprechen kann. Ich finde ein Heftchen der Bundeszentrale für gesundheitliche Aufklärung über die Körperwahrnehmung in unterschiedlichen Lebensphasen kleiner Kinder. Meine erste Frage: Wie möchte ich meiner Tochter gegenüber die primären Geschlechtsorgane bezeichnen? Für das männliche Geschlechtsorgan ist es vergleichsweise einfach, einen passenden Begriff zu finden: Penis. In dem Heft steht, dass viele Jungs und auch einige Mädchen im Kindergartenalter keine Bezeichnung für das weibliche Pendant kennen. Ich entscheide mich für: Mumu. Vielleicht wirkt der Begriff in manchen Situationen etwas zu niedlich, aber ich habe zumindest den Eindruck, dass er einem ungezwungenen, lockeren Bezug zum eigenen Körper nicht im Wege steht. Das Heftchen der Bundeszentrale für gesundheitliche Aufklärung spricht von einem Schlitz, in dem das, was bei Jungs gut zu sehen sei, irgendwie mysteriös versteckt sei. Ich denke, dass Fritzi durchaus etwas genauere Informationen vertragen kann, wenn sie etwas wissen will. Als sie mich beim Wickeln fragt, was das sei, worauf sie gerade mit ihrem Finger zeigt, erkläre ich ihr, dass das ihre Klitoris ist.

Fahrradunfall

Es ist Sommer. Kitaferien. Ich treffe Max mit seiner Mutter auf der Straße. Max ist etwa zwei Jahre alt, seine Mutter kenne ich aus meinem ersten Studium. In wenigen Tagen ist Max' erster Kitatag. Was hätte ich die letzten eineinhalb Jahre ohne Kita gemacht? Ich denke darüber nach, welche Erfahrungen Fritzi ohne ihren Kindergarten bisher entgangen wären. Ich denke nicht, dass sich Kinder nur gut entwickeln können, wenn sie in die Kita gehen. Sicherlich gibt es Eltern, die ihren Kindern auch zu Hause ganz viel bieten können. Ich weiß aber ganz sicher, dass ich nicht die Energie gehabt hätte, Fritzi in den letzten eineinhalb Jahren die gleichen Anregungen zu bieten, die sie durch die Kita erhalten hat. Und mit 100 oder 150 Euro Betreuungsgeld zusätzlich wäre mir das auch nicht gelungen.

Am Ende der Ferien ist meine Mutter für ein Wochenende in Berlin. Ich kann am Abend feiern gehen, während sie auf Fritzi aufpasst. Ich gehe tanzen. Und schließlich mit Carina nach Hause. Am Morgen schreibe ich meiner Mutter, dass ich noch etwas unterwegs bin und nicht zum gemeinsamen Frühstück komme, wir uns aber danach wie geplant wieder treffen könnten. Ich komme reichlich unausgeschlafen zu unserem Treffpunkt an der Bootsanlegestelle an der Museumsinsel. Wir machen eine Kreuzfahrt auf der Spree. Mit Carina habe ich keine Telefonnummern ausgetauscht. Als meine Mutter nach dem Wochenende wieder weg ist, suche und finde ich sie bei Facebook und frage sie, ob sie sich vorstellen könnte, mich wiederzusehen.

Kurz nachdem ich Fritzi schlafen gelegt habe, bekomme ich eine SMS von Fritzis Mutter. Sie schreibt mir, dass sie einen Fahrradunfall hatte und in der Notaufnahme des Krankenhauses liegt. Sie wisse noch nichts Genaueres, aber sie habe starke Schmerzen im Bauch. Ich mache mir Sorgen und schreibe ihr zurück, dass sie sich melden soll, sobald sie mehr weiß. Ich kann kaum schlafen. Die ganze Nacht schaue ich immer wieder auf mein Telefon. Irgendwann am Morgen schreibt sie mir, dass sie immer noch nichts Genaueres wisse, aber nun erst einmal stationär aufgenommen worden sei.

Am Morgen erzähle ich Fritzi, dass ihre Mutter einen Fahrradunfall hatte. Sie kann mit der Information nicht wirklich viel anfangen. Ich bringe sie in die Kita. Fritzis Mutter ruft mich an. Sie sei in den Straßenbahnschienen hängen geblieben, habe den Lenker ihres Fahrrads mit voller Wucht in den Bauch bekommen und sei dann mit dem Krankenwagen ins Krankenhaus gebracht worden. Sie erzählt mir, dass sie Blut im Bauch habe, bisher aber die Herkunft des Blutes noch nicht geklärt werden konnte und sie deshalb auf unbestimmte Zeit im Krankenhaus liegen müsse. Am kommenden Wochenende könne sie also wahrscheinlich Fritzi nicht zu sich nehmen. Ich verabrede mich mit ihr für den nächsten Vormittag zu einem Besuch im Krankenhaus.

Als ich am nächsten Tag bei ihr bin, weiß sie immer noch nicht mehr. Ich bleibe sehr lange bei ihr. Wir reden viel. Fritzis Mutter kann sich kaum bewegen, weil ihr Bauch großflächig weh tut. Wir bemerken, dass wir durch Fritzi nochmal ganz besonders aneinander gebunden sind. Es ist keine reine Ex-Beziehung und noch weniger eine normale Freundschaft, die uns gerade verbindet. Es ist ein ganz besonderes Verhältnis: Wir wollen füreinander da sein, wenn es darauf ankommt. Wir vergessen unsere Streitereien für einige Zeit. Ich halte die Hand von Fritzis Mutter, während sie in ihrem Krankenhausbett liegt. Am Nachmittag fahre ich vom Krankenhaus mit dem Fahrrad direkt in die Kita und von dort mit Fritzi wieder ins Krankenhaus. Fritzi findet das Krankenhaus aufregend. Ich erzähle ihr, dass sie hier geboren wurde. Sie rennt durch die Flure. Dann nehme ich sie auf den Arm und wir gehen in das Zimmer, in dem ihre Mutter liegt. Fritzi ist verunsichert. Sie schaut mich ängstlich an. Ihre Mutter kann sich so wenig bewegen, dass sie sie nicht einmal in den Arm nehmen kann. An der Hand hat sie einen Zugang für einen neben dem Bett stehenden Tropf. Fritzi starrt ständig auf die Kanüle in der Hand ihrer Mutter. Fritzis Mutter erzählt von ihrem Fahrradunfall und wie das alles passiert ist. Fritzi schaut sich den Bauch ihrer Mutter an, auf dem sie von außen lediglich zwei kleinere blaue Flecken sehen kann. Dann gehe ich mit Fritzi nach Hause. Wir essen ein Eis. Fritzi möchte den ganzen Nachmittag nicht mehr über ihre Mutter sprechen. Erst als ich sie ins Bett bringe, fängt sie an zu weinen und nach ihrer Mutter zur rufen. Ich rede mit ihr noch einige Zeit darüber. Dann schläft sie ein.

Der nächste Tag ist ein Samstag. Ich bin mit Carina verabredet. In dem Café, in dem sie arbeitet. Weil Fritzis Mutter ja weiterhin im Krankenhaus liegt, tauche ich mit Fritzi dort auf. Ich kaufe Fritzi vorher ein Spielfigurenset zum Thema Krankenhaus. Wir bleiben den ganzen Tag im Café. Fritzi spielt mit dem Krankenhausbett und der Spielzeuginfusion. Und ich unterhalte mich mit Carina. Anstatt zusammen mit Carina am Abend auszugehen, kommt sie nach ihrem Feierabend im Café zu mir nach Hause, um dann später ohne mich weiter tanzen zu gehen. Sie kommt an, nachdem ich Fritzi bereits ins Bett gelegt habe. Wir reden viel. Und lachen zusammen. Dann zieht sie weiter in einen der vielen Berliner Clubs. Und ich bleibe alleine zu Hause. Alleine mit Fritzi.

Am Sonntagvormittag besuchen Fritzi und ich wieder Fritzis Mutter im Krankenhaus. Wir nehmen die Spielfiguren mit. Fritzi zeigt sie ihrer Mutter und vergleicht Spielzeug und Realität. Alles passt. Nur die Personen in den Betten passen nicht zueinander. Im Spielzeugbett liegt eine von vielen austauschbaren Spielfiguren. Im echten Krankenhausbett liegt ihre Mutter. Wieder unterhalten wir uns am Abend beim Schlafengehen viel zu zweit über unseren Besuch im Krankenhaus. Noch immer ist nicht klar, woher das Blut im Bauch von Fritzis Mutter stammt. Es wird auch nicht weniger und eventuell muss sie innerhalb der nächsten Tage operiert werden. Erst am nächsten Tag folgt die Entwarnung. Die Leber war verletzt, der Riss ist aber mittlerweile geschlossen. Fritzis Mutter muss nicht operiert werden. Ich bin erleichtert.

Gdańsk

Auch nachdem sie aus dem Krankenhaus entlassen wurde, muss Fritzis Mutter weiterhin die meiste Zeit im Bett liegen, darf nichts heben und es ist nicht daran zu denken, dass sie Fritzi mal zu sich nehmen könnte. Zum Glück habe ich nicht viel vor. Es sind wieder Semesterferien. Carina ist im Urlaub. Das Wetter ist gut. Als das Wetter mal nicht so gut ist, gehen wir mit Mia und Mias Mutter ins Technikmuseum. Wir betrachten die Schiffe. Und Eisenbahnen. Fritzi findet die Flugzeuge, die an der Decke hängen, besonders spannend. Mama, schau mal! Ein Flugzeug!, ruft sie quer durch das ganze Museum. Ich komme zu ihr und wir staunen gemeinsam. Fünfzehn Schritte weiter ruft sie erneut: Mama, schau mal! Ein Flugzeug! Und wir betrachten das nächste Flugzeug. Abgesehen davon bin ich mit Fritzi viel auf dem Spielplatz. Und plane mit ihr meinen Urlaub. Sommerurlaub. Bisher waren meine Urlaube mit Fritzi ja wechselnd erfolgreich. Ich suche eine neue Herausforderung. Ich möchte mit Fritzi nach Gdańsk. Wir buchen dort eine Ferienwohnung. Ich suche die billigste Zugverbindung heraus, knapp zwei Stunden dauert die Fahrt nach Szczecin (Stettin). Bis kurz vor Szczecin gilt mein Semesterticket. Von dort geht es mit einem polnischen Bummelzug weiter nach Gdańsk. Ich kaufe das Ticket in Szczecin am Bahnhof, dann ist es billiger als in Berlin bei der Deutschen Bahn. Für umgerechnet etwas weniger als zehn Euro fahren wir siebeneinhalb Stunden lang knapp 400 Kilometer durch den Norden Polens. Bei über 30 Grad. Ohne Klimaanlage. Im Kleinkindabteil. Auf den acht Sitzplätzen sitzen fünf Erwachsene. Mit sechs Kindern. Vier Mütter und ich. Die Väter stehen im Gang. Die Kinder spielen miteinander oder liegen völlig erschöpft vom Spielen und von der Hitze bei ihren Müttern auf dem Schoß. Zwischendurch machen Kekspackungen die Runde im Abteil. Alle mitgebrachten Süßigkeiten werden gerecht zwischen allen Kindern aufgeteilt. Sechseinhalb Stunden geht alles gut. Dann wird es Fritzi zu viel. Die letzte Stunde wird sehr anstrengend. Fritzi quengelt. Und hat keine Lust mehr auf Zugfahren. Ich kann sie gut verstehen. Mir geht es ähnlich. Ich sage ihr, dass wir es gleich geschafft haben. Am frühen Abend kommen wir in Gdańsk an. Noch schnell irgendwo etwas zu essen und zu trinken einkaufen, dann in die Ferienwohnung. Und schnell ins Bett.

Wir haben zehn wundervolle Tage in Gdańsk. Wir gehen an den Strand. Wir machen eine Bootsfahrt. Wir schlendern durch die Altstadt. Wir essen Eis. Wir lassen es uns gut gehen. Dann wieder mit dem Zug zurück. Unser Zug hat etwas Verspätung, sodass wir unseren Anschlusszug verpassen. Auf der letzten Etappe unserer Reise nach Berlin ist es schon dunkel. Fritzi ist völlig aufgedreht und singt die ganze Zeit. Gut gelaunt kommen wir gegen 23 Uhr zu Hause an. Eine tolle Reise. Ein großes Abenteuer. Für Fritzi. Und für mich. Ich bin mal wieder sehr stolz auf mich. In der Kita erzählt Fritzi auch ganz stolz von ihrem Urlaub in Gdańsk. Sie kann den Namen der Stadt besser aussprechen als ich. Ich muss allen übersetzen, wo wir waren. Ach so, in Danzig.

Durch den Fahrradunfall und unsere Reise habe ich fast vier Wochen komplett mit Fritzi alleine verbracht. Ich bin unglaublich glücklich, dass es Fritzis Mutter besser geht und sie sich vorstellen kann, Fritzi am kommenden Wochenende wieder zu sich zu nehmen. Nach fast vier Wochen habe ich endlich wieder einen freien Tag. Ich treffe mich mit Carina. Sie kommt am Ende des Abends mit zu mir. Auch ein blindes Huhn findet mal ein Korn. Auch eine alleinerziehende Mutti hat mal Sex, denke ich.

Bin ich alleinerziehend? Natürlich bin ich nicht völlig alleine mit Fritzi. Es gibt Fritzis Mutter. Sie wohnt nicht weit entfernt und Fritzi ist regelmäßig bei ihr. Dennoch würde ich wohl jede Mutter in meiner Situation ohne Zögern als alleinerziehende Mutter bezeichnen. Einige Aspekte dieser Bezeichnung treffen ebenso auf mich zu wie auf jede andere alleinerziehende Mutter. Ich lebe beispielsweise mit demselben Armutsrisiko, weil ich mich durch die Sorge für das Kind weniger um meine Karriere kümmern kann. Und dennoch stecken im Begriff »alleinerziehend« noch andere Konnotationen, die auf mich nicht zutreffen. Beispielsweise wird die Beschäftigung einer alleinerziehenden Mutter mit ihrem Kind leider häufig als ihre selbstverständliche Aufgabe angesehen. Irgendwer muss sich ja schließlich um das Kind kümmern. Selten bekommen alleinerziehende Mütter eine Anerkennung für ihre unglaubliche Leistung. Ich bekomme dagegen ständig gesagt, wie toll ich bin. Ich kann mich kaum retten vor den Sympathien, die mir entgegenschlagen, wenn ich sage, dass ich mich um mein Kind kümmere. Auch der Wert auf dem Beziehungsmarkt ist ein völlig anderer. Alleinerziehende Mütter gelten als eher schwer vermittelbar. Es scheint nicht unbedingt ein Attraktivitätsbonus zu sein, wenn eine Frau alleine ein Kind versorgen muss. Und dabei stehen Frauen noch stärker unter dem subtilen gesellschaftlichen Zwang, eine Beziehung führen zu müssen. Während (Single-) Frauen aus meinem Umfeld immer über die ungeduldigen und mit zunehmendem Alter immer drängender werdenden Fragen ihrer Eltern berichten, ob es denn einen Mann in ihrem Leben gebe, berichten (Single-)Männer in meinem Umfeld eher selten von diesem familiären Druck.

Beim Sommerfest im Kindergarten unterhalte ich mich mit Vincents Mutter. Sie ist alleinerziehend, sieht mich da in einer ähnlichen Position und möchte sich deshalb mit mir über die Schwierigkeiten unterhalten, einen neuen Partner zu finden. Sie sei nicht so flexibel, wenn es darum geht, sich zu verabreden. Der potenzielle neue Partner müsse außerdem akzeptieren, dass es da eine Person in ihrem Leben gibt, die wichtiger sei als er: Vincent. Da müsse sie erst einmal jemanden finden, der sich darauf einlässt, sagt sie nicht ohne hörbare Frustration in ihrer Stimme. Die fehlende Flexibilität, sich zu verabreden, und überhaupt die selteneren Möglichkeiten, jemanden kennenzulernen, kann ich gut nachvollziehen. Dass mein Zusammenleben mit meinem Kind jedoch meine Chancen auf dem Beziehungsmarkt verringern würde, kann ich nicht bestätigen. Wer wünscht sich nicht einen so verantwortungsbewussten Mann als Partner. Einen Mann, den eigentlich alle um ihn herum aufgrund seines besonderen familiären Engagements so unglaublich toll finden. Carina findet es spannend, mich kennenzulernen. Sie ist zwei Jahre älter als ich und hat kein Kind. Sie weiß auch nicht, ob sie jemals ein eigenes haben möchte. Trotzdem hat sie ganz grundsätzlich Lust auf irgendeine Form von Familienleben. Ich verstehe mich sehr gut mit Carina. Ich bin ein wenig verliebt.

Elternliteratur

Ich lese. *Der Wickelvolontär. Mein Leben als Mutti. Wir Wickelprofis. Achtung Baby!* Die meist um die 40 Jahre alten Herren berichten darin aus ihren Eigenheimen von ein paar Monaten Elternzeit, beschreiben, wie ihr Kind um das familieneigene Klavier herumkrabbelt, und analysieren aus sicherer ironischer Distanz die vermeintlichen Absurditäten von »Hechelkursen« und Krabbelgruppen, machen sich über die anderen Mütter lustig und finden sich im Gegensatz zu den meisten vermeintlich sorgenvoll verkrampften Müttern so erfrischend locker. Sie finden es pädagogisch furchtbar revolutionär, sich mit ihrem Kind eine Essensschlacht zu liefern oder es ohne Zähneputzen ins Bett zu bringen. Keinen Moment besteht ein Zweifel, dass es sich um einen vorübergehenden Rollentausch handelt, ein Experiment, das lediglich der Arbeitsmarkt- bzw. der Kindergartenplatzsituation geschuldet ist und dem die Autoren am Ende natürlich trotzdem (sobald der Spuk vorbei ist) etwas Positives abgewinnen können – schließlich macht sich die zeitweise Leitung eines kleinen »Familienunternehmens« ja auch ganz gut im Lebenslauf. Oder sollte es nach Ansicht der Autoren zumindest. Ich lese einen Ratgeber für alleinerziehende Väter: *Alleinerziehend. Männlich. Gut. Der Ratgeber für Single-Väter*. Alleinerziehende Väter haben eine konfliktreiche Trennungsgeschichte hinter sich, nehmen die Kinder aus Sorge um deren Wohl zu sich und sind meist völlig unvorbereitet in die Situation geraten. Steht da. Ich finde mich überhaupt nicht wieder. Wo sind die Väter, die sich bewusst und geplant dafür entscheiden, sich um ihre Kinder zu kümmern? Ein Vater in dem Buch merkt, dass er alleine mit einer zwölfjährigen Tochter plötzlich nicht mehr zwölf Stunden am Tag arbeiten kann. Ein anderer Vater muss lernen, für seine beiden Töchter Wäsche zu waschen und Kleidungsstücke auseinanderzuhalten.

Die Bücher der Mütter sind ein wenig besser. Hier finde ich immer wieder Episoden, die mir aus meinem eigenen Leben bekannt vorkommen. Ich kann viele Sorgen nachvollziehen und an anderen Stellen mitlachen. Selbstverständlich tragen in allen Büchern die Mütter die Hauptlast der kindbezogenen Arbeit und Verantwortung. Zur Begründung für diese ungerechte Rollenaufteilung muss immer wieder ein Argument herhalten: das Stillen. Ich möchte selbstverständlich keine Mutter dafür kritisieren, dass sie ihr Kind stillt. Sicherlich gibt es auch viele Mütter, die glücklich sind mit ihrer Entscheidung fürs Stillen. In den Büchern der Mütter tauchen jedoch immer wieder scheinbar unerfüllbare Bedürfnisse auf. Mal ausgehen. Mal Alkohol trinken. Mal eine Nacht durchschlafen. Die eigenen Brustwarzen wieder mit Erotik in Verbindung bringen, statt sie sich vom eigenen Kind wundkauen zu lassen. Immer wieder: Ich würde ja gerne, aber ich muss ja stillen. Auch bei den Vätern ist das Stillen ein großes Thema. Einige Väter in den Büchern fühlen sich durch das Stillen regelrecht ausgegrenzt. Aus der Beziehung zwischen Mutter und Kind. Freilich ohne dagegen zu intervenieren oder der Mutter den Druck, stillen zu müssen, zu nehmen. Ich wäre ja gerne auch in der ersten Zeit mehr für mein Kind dagewesen, aber ich kann ja nicht stillen. Für viele Väter kommt dieses Argument sicherlich nicht ganz ungelegen. Anders kann ich es mir zumindest nicht erklären, dass es einfach so hingenommen wird. Stillen als Druckmittel und Ausrede. Druckmittel, die Mütter dazu zu bewegen, alleine mit dem Kind zu Hause zu bleiben. Ausrede für die Väter, sich nicht kümmern zu müssen. Es macht mir Spaß, all diese Bücher mit all ihren Absurditäten zu lesen. Mit meiner Hausarbeit komme ich aber nicht voran. Stattdessen schreibe ich lieber mein eigenes Buch zu dem Thema.

Windpocken

Nach den Sommerferien fragt mich Sophias Vater in der Kita, ob ich nicht mit Fritzi am Nachmittag bei ihnen im Hinterhofgarten vorbeikommen möchte. Zum Grillen. Ich gehe mit Fritzi nach der Kita kurz Einkaufen und mache zu Hause schnell einen Salat. Neben Sophia und ihren Eltern ist auch Tim mit seinen Eltern beim Grillen. Und Arthur mit seinen Eltern. Ebenso wie Marta und ihre Eltern. Alles Kinder aus Fritzis Kita. Mit jeweils beiden

Elternteilen. Fritzi ist das einzige Kind, das nur ein Elternteil dabei hat. Ich bin der einzige Single in der Runde. Tims Vater fragt mich, ob da was zwischen Katja und mir gelaufen sei. Katja arbeitet inzwischen überhaupt nicht mehr in unserer Kita. Er habe sie immer sehr nett gefunden und gedacht, dass wir gut zusammenpassen würden. Ich muss lachen und antworte etwas ausweichend. Die anderen Eltern fragen mich, wie es kommt, dass ich so viel für Fritzi da bin. Wir reden über Gleichberechtigung. Und unterschiedliche Familienkonstellationen. Die anderen Eltern fühlen sich ein wenig genötigt, ihr eigenes Familienmodell zu rechtfertigen. Männer hätten ja grundsätzlich viel mehr Probleme, sich gegenüber ihrem Arbeitgeber durchzusetzen, wenn es beispielsweise um Elternzeit oder Teilzeitarbeit ginge. Tims Mutter sagt mit einem Anflug von schlechtem Gewissen, dass sie zu Hause etwa 65 Prozent der kinderbezogenen Arbeiten übernehme. Und Tims Vater 35 Prozent. Ich versuche deutlich zu machen, dass sich mir gegenüber niemand rechtfertigen muss. Tims Mutter ist schwanger, Tim bekommt ein Geschwisterkind. Dann werde es natürlich für sie noch einmal schwieriger, die Arbeit gerecht aufzuteilen. Tims Mutter gehe dann wieder in Elternzeit und sei für eine Zeit alleine mit zwei Kindern zu Hause. Hoffentlich bekämen sie es danach aber wieder hin, die Arbeit gleichberechtigter aufzuteilen.

Am nächsten Freitag treffen Fritzi und ich uns mal wieder mit Samuel und seiner Mutter. Wir treffen uns in Neukölln, auf dem Spielplatz in der Hasenheide. Die Dealer stehen nur wenige Meter vom Spielplatz entfernt. Während Fritzi mit Samuel auf dem Klettergerüst klettert, kommt ein etwa dreijähriger Junge auf mich zu und möchte ein

Stück von dem Brötchen, das ich für Fritzi mitgebracht habe. Ich gebe es ihm. Zwei Minuten später steht er wieder vor mir. Ich bin etwas überfordert und schaue mich um. Es ist kein zugehöriges Elternteil zu sehen. Scheinbar ist der Junge nur mit seiner großen Schwester, die nicht weit entfernt Basketball spielt, hier. Dass dreijährige Kinder alleine und hungrig fremde Eltern nach etwas zu essen fragen, kenne ich aus unserem wohlbehüteten, bürgerlichen Friedrichshain nicht, erzähle ich Samuels Mutter. Sie lacht. Wahrscheinlich über meine Friedrichshainer Naivität.

Am nächsten Tag gehe ich mit Fritzi auf den Boxi. Boxhagener Platz. Friedrichshain. Der Spielplatz auf dem Boxi ist am Wochenende ein Erlebnis. Tausendmillionen Kinder auf wenigen Quadratmetern. Ich treffe dort Yannik mit seiner Mutter. Yanniks Mutter kenne ich noch aus meinem ersten Studium, als wir beide noch kinderlos waren. Yannik ist drei Monate jünger als Fritzi. Die beiden verstehen sich auf Anhieb gut. Mit Yanniks Mutter führe ich ein typisches Spielplatzgespräch. Auch wir verstehen uns gut, schaffen es jedoch nur, viele halbe Gespräche zu führen. Immer, wenn wir ein Thema gefunden haben, ruft eines der Kinder. Wenn wir ein paar Minuten später wieder zusammen auf der Bank sitzen, haben wir vergessen, worüber wir gerade gesprochen haben. Wir verabreden uns für einen anderen Tag in der kommenden Woche. Auf einem ruhigeren Spielplatz.

Am Sonntag fahren wir in den Britzer Garten. Fritzi und ich. Und Carina. Familienausflug. In neuer und bisher unbekannter Konstellation. Es wird ein toller Tag. Carina übernachtet bei uns. Als ich Fritzi am nächsten Morgen in mein Bett hole, ist sie etwas verwirrt, dass da noch jemand liegt. Wir liegen kurz zu dritt zusammen und unterhalten uns über den gemeinsamen Ausflug am Tag zuvor, dann starten wir eine neue Woche. Wir stehen auf, ich mache Fritzi fertig und bringe sie in den Kindergarten, Carina geht zur Arbeit.

Das neue Date mit Yannik und seiner Mutter muss ich ein paar Tage später schließlich absagen. Fritzi bekommt Windpocken. Sie hat rote Pusteln auf ihrem Bauch. Aber auch nur auf ihrem Bauch. Eigentlich dachte ich, dass sie dagegen geimpft sei. Ich hatte die Windpocken in meiner Kindheit, für mich besteht also keine Ansteckungsgefahr. Ich rufe beim Arzt an. Wir sollen durch den Hintereingang kommen. In der Kinderarztpraxis warten wir im Behandlungsraum in der hintersten Ecke, abgeschirmt von allen anderen Kindern. Der Arzt schaut auf die Pusteln auf Fritzis Bauch. Und in den Impfpass. Fritzi habe nur eine Impfung gegen Windpocken bekommen, deshalb könne es sein, dass der Impfschutz nicht ausreichend ist. Die zweite benötigte Impfung hätten wir vergessen. Mit der verschriebenen Salbe sind die Pusteln schnell verheilt.

In der kommenden Woche starten wir einen neuen Versuch, uns mit Yannik und seiner Mutter zu verabreden. Weil es regnet, treffen wir uns bei den beiden zu Hause. Ich hole Fritzi mit dem Kinderwagen aus der Kita ab und wir fahren mit dem Bus. Auf dem Weg kommen wir am Krankenhaus vorbei.

Da ist das Krankenhaus, ruft Fritzi. Fahren wir ins Krankenhaus?

Nein, antworte ich.

Wir unterhalten uns noch einmal über den Krankenhausaufenthalt ihrer Mutter. Fritzi ist erleichtert, dass das Aua ihrer Mutter wieder geheilt ist. Nach einem schönen Nachmittag mit Yannik und seiner Mutter fahren wir mit der Straßenbahn wieder nach Hause. Fritzi sitzt im Kinderwagen. Die Straßenbahn ist voll. Ich stehe neben ihrem Kinderwagen. Fritzi versucht, die Stationsnamen nachzusprechen. Ausstieg links, so verkündet die Bandansage. Fritzi lacht laut auf. Ausstieg links, wiederholt sie. Bei jeder Station kreischt Fritzi aufs Neue vor Lachen. Die Leute um uns herum müssen mitlachen. Kurz bevor wir aussteigen müssen, sagt sie, ich solle mich zu ihr hinunterbücken. Ich will dir einen Kuss geben, sagt sie. Ich bücke mich hinunter und sie gibt mir einen Kuss auf meine Wange. Mit einem glücklichen Grinsen auf meinem Gesicht steige ich mit Fritzi aus. An der Tür sagt ein Mann in meinem Alter zu mir: Der ist echt cool, der Kleine.

Allein

Carina und ich spielen Beziehung. Ich verabrede mich mit Carina an meinen freien Abenden. Wir gehen zusammen tanzen. Und dann zusammen nach Hause. Carina, Fritzi und ich spielen Familie. Carina kommt hin und wieder nach ihrem Feierabend zu Fritzi und mir auf den Spielplatz. Wir gehen zusammen nach Hause, essen gemeinsam Abendbrot, Carina übernachtet bei mir und am Morgen liegen wir, nachdem Fritzi wach geworden ist und ich sie aus ihrem Zimmer geholt habe, noch kurz zu dritt zusammen in meinem großen Bett. Fürs Wochenende überlegen wir uns einen gemeinsamen Ausflug. Fritzi und ich besuchen Carina in Halle an der Saale, als sie dort für zwei Wochen arbeitet. Wir verpassen es, ausführlicher über unsere Erwartungen und Vorstellungen zu sprechen. Wir haben einfach eine schöne Zeit miteinander.

Ich spreche mit der Psychologin in der Beratungsstelle, die ich seit ein paar Monaten regelmäßig besuche. Wir sprechen darüber, wie es mir geht. Mir geht es etwas besser als noch vor ein paar Monaten. Ich komme besser mit meiner Rolle in Bezug auf Fritzi zurecht. Und mit meiner Verantwortung. Ich habe einen spannenden Nebenjob in Aussicht. Mittlerweile weiß ich auch, dass ich nicht die einzige erschöpfte und überforderte Mutter im Universum bin. Mias Mutter erzählt mir, dass sie mindestens einmal im Monat krank ist und Fieber bekommt. Einfach nur aufgrund einer Mischung aus Erschöpfung und Überforderung. Hendriks Mutter erzählt mir, dass sie eine Psychotherapie macht. Um mit ihrer Erschöpfung und Überforderung besser zurechtzukommen. Yanniks Mutter erzählt mir, dass sie mit Herzrhythmusstörungen beim Arzt war. Der habe ihr gesagt, Schuld sei einfach nur eine Mischung aus Erschöpfung und Überforderung.

Endlich habe ich eine Papa-/Mama-Freundin, mit der ich mich regelmäßig treffe. Fritzi und ich treffen Yannik und seine Mutter einmal in der Woche, meist auf unterschiedlichen Spielplätzen. Manchmal treffen wir uns bei den beiden zu Hause oder sie kommen uns besuchen. Seit Fritzis Geburt habe ich immer alle anderen Mütter beneidet. Irgendwie hatten alle anderen Mütter mindestens eine Freundin, die ein Kind im gleichen Alter hatte. Diese Mütter hatten sich oft im Geburtsvorbereitungskurs kennengelernt und konnten sich nun die ganze Zeit über ihre Probleme austauschen und sich beieinander ausheulen. Oder einfach die einsamen Tage mit den kleinen Babys gemeinsam verbringen. Oder sich dann mit den etwas größeren Kindern regelmäßig auf dem Spielplatz treffen. Jetzt habe ich endlich auch eine solche Freundin. Yanniks Mutter und ich verstehen uns sehr gut. Yannik und Fritzi verstehen sich sehr gut. Das feste Date mit den beiden einmal in der Woche hebt meine Laune merklich.

Ich schaffe es außerdem oder auch gerade aufgrund meiner besseren Laune wieder etwas besser, mit Fritzis Mutter zu reden. Sie wird sich einen neuen Job suchen, mit dem sie zumindest etwas flexibler sein und Fritzi auch mal an einzelnen Tagen unter der Woche von der Kita abholen kann. Ich trauere dem Familienprojekt mit Fritzis Mutter nicht mehr so sehr hinterher, sondern erkläre es für gescheitert und abgeschlossen. Ich habe den Kopf wieder freier und muss nicht mehr die ganze Zeit über Fritzis Mutter und/oder meine Erschöpfung und Überforderung nachdenken. Allerdings müssen Carina und ich unbedingt darüber reden, was sich da zwischen uns anbahnt. Ich muss mit ihr über die Beziehung reden, die wir bereits irgendwie führen. Ich kann mich nicht so richtig darauf einlassen. Obwohl wir eine tolle Zeit zusammen haben, habe ich trotzdem kein gutes Gefühl dabei, mit ihr in eine Beziehung zu rutschen und Familie zu spielen. Wir haben bisher viel zu wenig geredet.

Als ich mit Carina anfange über unsere Affäre oder Beziehung zu reden, wird schnell klar, dass wir völlig unterschiedliche Vorstellungen haben. Carina möchte mich nicht heiraten und auch nicht mit mir zusammenziehen. Sie weiß auch, dass es Fritzi in meinem Leben gibt. Und sie möchte auf keinen Fall ein Mutterersatz sein. Trotzdem hat sie sich in die Vorstellung verliebt, mit mir zusammen zu sein. Mit mir eine klassische Beziehung zu führen. Und damit auch

Zeit mit Fritzi zu verbringen. Ich kann ihr daraus keinen Vorwurf machen. Ich will ja auf keinen Fall sagen, ich hätte das bessere Beziehungskonzept im Kopf. Ich habe ein anderes Beziehungsprojekt gestartet, und das ist grandios gescheitert. Und dennoch widerstrebt es mir völlig, all meine Gedanken der letzten Jahre zu vergessen. Wir beenden unsere Affäre. Und unsere Beziehung. Alles, was sich da in den letzten Monaten im Alltag angebahnt hat. Und alles, was in unseren Köpfen an unausgesprochenen Vorstellungen entstanden ist. Ich habe ein Bild im Kopf, wie ich in einer Beziehung leben möchte. Und ich habe zumindest ein grobes Bild davon im Kopf, in welcher Form ich Teil einer Familie sein möchte. Fritzis Mutter und ich haben schon so viele Gespräche geführt. Ich weiß, dass wir vieles ähnlich sehen. Ich weiß, dass wir uns in vielen Punkten so unglaublich gut verstehen. Es gibt so viele Dinge, über die wir nicht mehr reden müssen, weil wir sie schon vor Jahren verhandelt haben. Ich weiß, dass wir in Bezug auf die Erziehung von Fritzi ähnliche Standpunkte vertreten. Sie hat ein ähnliches Bild davon im Kopf, in was für einer Beziehung sie leben möchte. Und ich weiß, dass sie ein ähnliches, zumindest grobes Bild davon im Kopf hat, in welcher Form sie Teil einer Familie sein möchte. Ich habe das Familienprojekt mit Fritzis Mutter noch nicht wirklich abgeschlossen.

Verhandlungen

Fritzis Mutter und ich sind verabredet. Wir haben ein halbes Jahr kaum miteinander gesprochen. Ich sage ihr, dass ich unser Familienprojekt nicht endgültig abschließen möchte.

Ich möchte mit ihr darüber sprechen, warum wir so gescheitert sind. Ihr geht es ähnlich. Also treffen wir uns. Wir wollen herausfinden, was in der Vergangenheit schiefgelaufen ist. Wir wollen uns zusammen überlegen, wie wir nach unserer Trennung weiterhin irgendwie eine Familie sein können. Für unser Familienmodell gab es keine Vorbilder. Die fehlen uns nach unserer Trennung ebenso. Wir wollen darüber sprechen, wie wir miteinander umgehen können. Am Ende werden wir vielleicht wieder irgendwie miteinander auskommen. Zunächst aber streiten wir uns. Und verabreden uns zum Weiterreden. Wir wollen uns einmal in der Woche treffen. Regelmäßig. Aber jeweils nicht länger als zwei Stunden. In der Zwischenzeit bin ich weiterhin viel mit Fritzi alleine.

Die *Märkische Oderzeitung* möchte mich interviewen, zum Thema Studieren mit Kind. Ein Fotograf soll zum Artikel ein paar Fotos von Fritzi und mir machen. Also fahre ich mit Fritzi nach Frankfurt. Wir treffen uns mit der Redakteurin in der Mensa in Słubice. Sie stellt mir ein paar Fragen, der Fotograf macht seine Fotos. Am Ende des Interviews stellt mir die Redakteurin noch eine persönliche Frage. Sie versichert mir, dass die Antwort nicht in den Artikel kommt, aber sie würde brennend interessieren, warum Fritzis Mutter nicht bei ihrem Kind bleibe. Normalerweise würde doch immer die Mutter beim Kind bleiben wollen.

Nach dem Interview bleibt Fritzi auf dem Weg zu meinem Seminar plötzlich stehen. Wir haben den Fuchs vergessen, sagt sie. Stimmt. Ihr Kuscheltierfuchs liegt noch in der Mensa. Ich bin völlig verblüfft und stolz, dass Fritzi daran gedacht hat. Ich nehme Fritzi mit in mein Seminar. Für mich bedeutet das vor allem Stress. Ich bin das gesamte Seminar über mit Fritzi beschäftigt. Sie möchte weder ihren Joghurt essen noch malen. Sie möchte nur auf mir herumklettern. Und sich mit mir unterhalten. Vom Seminar bekomme ich nichts mit. Dann hätte ich mir das Ganze auch gar nicht erst antun müssen, sondern hätte direkt nach dem Interview wieder nach Hause fahren können. Ein paar Tage später gehe ich zur Frankfurter Redaktion der *Märkischen Oderzeitung* und hole mir dort ein Exemplar der Zeitung mit dem Artikel über uns ab. Warum hast du dir denn die MOZ gekauft, werde ich in meinem Seminar gefragt. Ich zeige den Artikel. Eine Studentin sagt mir, dass sie schon viel von mir gehört habe. In einem anderen Seminar. Bei einer Diskussion über Geschlechterrollen sei meine Geschichte erwähnt worden. Weil Fritzi mich Mama nennt.

Am folgenden Sonntag ruft mich Lisa an. Sie ist mit Kevin, Thomas und Peter unterwegs und fragt mich, ob ich mit Fritzi mitkommen möchte. Spazieren. Wir sind dabei, antworte ich. Eine halbe Stunde später stehen die vier vor unserer Tür und holen uns ab. Den Kinderwagen lassen wir zu Hause. Fritzi ist von ihm immer weniger begeistert. Still dazusitzen, während die Welt an ihr vorbeizieht, gehört nicht mehr zu ihren bevorzugten Fortbewegungsmethoden. Die ersten 200 Meter unseres Spaziergangs läuft Fritzi problemlos mit. Dann hat sie keine Lust mehr. Sie möchte auf meinen Arm. Wenn ich sie jetzt auf meinen Arm nehme, muss ich sie den ganzen Spaziergang tragen, denke ich. Ich versuche mit ihr auszuhandeln, dass sie noch ein Stückchen selbst gehen muss und wir sie dann alle abwechselnd etwas tragen können. Fritzi sieht jedoch nicht ein, warum sie selbst weiterlaufen sollte und möchte auch von niemand anderem als mir getragen werden. Ich erkläre ihr, dass ich es nicht schaffe, sie die ganze Zeit zu tragen. Ein Kompromiss scheint unmöglich. Fritzi und ich stehen uns mit unseren unvereinbarenden Positionen gegenüber. Alle Argumente sind ausgetauscht. Nun kommt es darauf an, wer es schafft, sich durchzusetzen. Ich sage ihr nochmal, dass ich sie nicht sofort auf den Arm nehme. Fritzi fängt an zu weinen und zu schreien. Sie wirft sich auf den Gehweg. Komm!, sage ich zu ihr und strecke ihr meine Hand entgegen.

Nein!, bekomme ich als Antwort. Und noch mehr Weinen. Und Schreien.

Ich gehe ein paar Schritte weiter. Komm!, sage ich wieder. Und strecke ihr meine Hand entgegen.

Nein!, lautet die Antwort. Noch mehr Weinen. Und Schreien. Wir warten. Fritzi weint. Lisa schaut mich verunsichert und voller Mitleid für Fritzi an. Ich glaube, so etwas nennt man Erziehung, sage ich zu ihr. Keine Ahnung, ob ich das so richtig mache, aber wenn ich jetzt zu ihr gehe, weiß sie, dass sie bekommt, was sie möchte, wenn sie nur laut genug schreit. Erkläre ich Lisa. Ich glaube nicht, dass es Fritzi besonders schlecht geht. Soweit traue ich meinem Gespür für Fritzis Befindlichkeiten. Mittlerweile kann ich ihr unterschiedliches Weinen und Schreien interpretieren. Heute glaube ich, sie möchte lediglich ihren Willen durchsetzen, mit den ihr zur Verfügung stehenden Mitteln. Also muss ich das jetzt aushalten. Denke ich. Fritzi weint weiter. Und ruft wütend nach mir. Mama! Mami! Passanten gehen an ihr vorbei. Manche bleiben kurz stehen und schauen uns an. Sie schauen Lisa an. Denn Fritzi ruft ja nach ihrer Mama. Natürlich kommt niemand auf die Idee, dass ich diese Mama sein könnte, nach der Fritzi ruft. Ich meine, in den auf Lisa gerichteten Blicken manchmal Mitleid erkennen zu können, manche lächeln Lisa aufmunternd an, manchmal sind die Blicke jedoch auch vorwurfsvoll auf die vermeintlich untätige, herzlose Mutter gerichtet. Lisa sind die Blicke sichtlich unangenehm. Fritzi weint und schreit noch etwas weiter. Dann steht sie auf. In ihrem Gesicht lässt sich deutlich ihre Wut auf mich erkennen. Sie nimmt trotzdem meine Hand und wir können weitergehen. Nach wenigen Metern möchte sie wieder auf meinen Arm. Ich hocke mich zu ihr hinunter und sage ihr wieder, dass sie noch etwas selbst gehen muss und dass wir sie dann alle abwechselnd tragen können. Ich bin schon selbst gegangen, antwortet sie mir. Ich muss lachen. 25 Meter ist sie seit dem letzten Wutausbruch gelaufen. Ich verabrede mit ihr, dass sie noch bis zur übernächsten Straßenecke gehen muss. Etwas widerwillig stimmt sie zu. Dann umarmen wir uns kurz, um uns zu vertragen. Erziehung kann ganz schön anstrengend sein. Für beide Seiten. Und ob ich letztendlich irgendetwas damit erreicht oder ihr vermittelt habe, weiß ich nicht.

Am Abend grübele ich lange. Ich bin mir unsicher. Ich frage mich, wie sich mein Leben mitsamt dem ganzen Durcheinander, meinen Vorstellungen von Beziehung oder Erziehung, mitsamt meinen ganzen Unsicherheiten auf Fritzi auswirkt. Ich habe keine Ahnung. Ich kann nur versuchen, immer so gut es geht darauf zu achten, wie es Fritzi gerade geht. Und immer wieder neu zu grübeln.

Familienbüro

Seit Kurzem arbeite ich im Familienbüro meiner Uni. Mal wieder etwas Geld verdienen. Der Job ist befristet, ein halbes Jahr Elternzeitvertretung. Ich berate Studierende, wie viele Urlaubssemester sie aufgrund ihres Kindes nehmen können, mache gewöhnliche Büroarbeit und soll mir eine Veranstaltung für die Studierenden mit Kind überlegen. Ich denke darüber nach, welches Thema mich interessieren könnte.

Im Kindergarten steht die Faschingsfeier an. Ich fand Fasching als Kind schon doof. Am Tag vor der Faschingsfeier schläft Fritzi glücklicherweise bei ihrer Mutter, die sich so an den Verkleidungsplanungen beteiligen muss. Wir überlegen uns zusammen ein Löwenkostüm. Am Morgen boykottiert Fritzi jegliche Verkleidungsversuche, schreibt mir Fritzis Mutter später, nachdem sie sie schließlich unverkleidet in die Kita gebracht hat. Als ich Fritzi abhole, ist sie das einzige Kind ohne Kostüm. Sie scheint jedoch nicht unglücklich darüber zu sein. Zu Hause frage ich sie, wie die anderen Kinder verkleidet waren. Tim war ein Pirat, erzählt mir Fritzi. Und Arthur war ein Frosch. Lena war eine Fee. Und Anna war eine Fee. Jasmin auch. Warum sind die Mädchen in Fritzis Kita fast ausnahmslos Feen? Und warum müssen dreijährige Mädchen komplett in rosa in die Kita gehen? Das wäre doch ein Thema für meine Veranstaltung an der Uni – Erziehung und Geschlecht. Wenn ich Fritzi frage, was ihre Lieblingsfarben seien, antwortet sie mir oft: Rosa, Pink und Lila. Als wir ein Kind in einem rosa Kleid auf dem Spielplatz sehen, sagt sie zu mir: Ich will auch ein rosa Kleid. Ich ziehe ihr trotzdem nichts in Rosa, Pink oder Lila an. Fast nichts. Fritzi hat ein Paar rosa

Socken. Ich frage mich, wie lange ich es noch verhindern kann, ihr Kleidung in diesen Farben anzuziehen. Und andererseits frage ich mich, warum ich ihr gerade dieses Bedürfnis erfüllen soll. Fritzi äußert pro Tag mehrere Hundert Wünsche. Ich kann ihr nie alle erfüllen. Ich will in die Kita gehen, sagt sie an einem Samstagmorgen. Geht leider nicht, muss ich antworten. Ich will noch ein Eis, sagt sie, nachdem sie ihr Eis aufgegessen hat. Nein, antworte ich. Als sie mit meinem Nasenpiercing spielt, sagt sie: Ich will auch so was! Wieder: Nein! Ein Kinderleben besteht aus vielen, vielen unerfüllten Forderungen. Warum soll ich ihr dann gerade den Wunsch nach einem rosa Kleid erfüllen? Auf die Frage nach ihrer Lieblingsfarbe antwortet sie mir ganz selten auch: Blau. Oder: Schwarz. Es ist meine Entscheidung, wann ich ihr einen Wunsch erfülle, wann ich sie bestärke und wann ich eher weniger darauf eingehe, was sie mir sagt oder erzählt. Und ich bin durchschnittlich etwa alle zwei Minuten gefordert, eine solche Entscheidung zu treffen. Außerhalb unserer Wohnung ist die Tendenz klar: Mädchen tragen überwiegend Rosa. Und verkleiden sich an Fasching als Feen. Also entscheide ich mich ganz bewusst, Fritzi genau darin nicht zu bestärken, sondern mich mit ihr zu freuen, wenn ihr ihre blaue Hose auch manchmal, zumindest ein wenig, gefällt.

Für meine Veranstaltung lade ich eine Referentin ein, die an der Uni etwas zu dem Thema Geschlecht und Erziehung erzählen kann. Fritzis Zitat kommt in den Untertitel: Tim war ein Pirat. Arthur war ein Frosch. Lena war eine Fee. Und Anna war eine Fee. Jasmin auch.

Am Tag vor der Veranstaltung muss ich nach Frankfurt fahren und die letzten Details für den nächsten Tag klären. Dazwischen habe ich einen Beratungstermin. Eine Schwangere möchte mit ihrem Freund vorbeikommen und wissen, was sie mit Studium und Kind erwartet. Ich stelle den Wecker für den nächsten Morgen auf 6.30 Uhr, um 7.59 Uhr muss ich mit dem Zug fahren. Zur Erinnerung: Die Kita öffnet um 7.45 Uhr. Der Morgen ist minutiös durchgeplant. Fritzi kotzt die ganze Nacht. Um 1 Uhr wechsele ich zum ersten Mal ihre Bettwäsche. Sie schläft schnell wieder ein. Etwa eine halbe Stunde später wechsele ich ihre Bettwäsche ein zweites Mal. An Wiedereinschlafen ist nicht mehr zu denken. Sie ruft mich immer wieder. Ich bin krank, sagt sie. Ich hole sie in mein Bett, einen Eimer stelle ich griffbereit neben sie. Wir schlafen mehr als unruhig. Am Morgen schläft Fritzi tief und fest. Ich stehe auf und rufe in der Kita an, dass sie nicht kommt. Dann sage ich alle meine Termine ab. Noch am Abend zuvor hatte ich einen festen Plan für den gesamten Tag. Plötzlich ist alles entschleunigt und ich weiß nicht, was ich mit mir anfangen soll. Fritzi geht es am Nachmittag schon wieder etwas besser und sie behält ihren Zwieback bei sich. Am Abend machen wir sogar schon wieder einen kurzen Ausflug auf den Spielplatz. Es ist schon nach 18 Uhr. Der Spielplatz ist angenehm leer. Wir begegnen Timon und seiner Mutter. Timon ist zweieinhalb und auch in Fritzis Kita. Auch Timon war krank, er hatte in den letzten zwei Wochen eine Lungenentzündung. Nun gehe es ihm schon wieder viel besser, aber der Arzt habe gesagt, dass er die ganze Woche noch nicht wieder in die Kita gehen solle, erklärt mir Timons Mutter. Sie wisse überhaupt nicht, wie sie das mit Timon und ihrem Job hinbekommen solle. Sie könne doch nicht noch eine Woche zu Hause bleiben. Wahrscheinlich werde sie Timon morgen mit zur Arbeit nehmen müssen. Timon kommt angelaufen und kauert sich auf den Schoß seiner Mutter. Dass Timon aufgrund seiner Krankheit alle halbe Stunde an ihre Brust wolle, werde ihr auch langsam zu viel. Sie fühle sich ausgelaugt, sagt sie und packt dabei ihre Brust aus, um Timon für ein paar Minuten daran trinken zu lassen. Meine Frage, ob nicht Timons Vater oder irgendwer anders Timon zumindest für ein paar Stunden betreuen könne, hat sich damit erledigt. Ich sage nichts weiter und gehe mit Fritzi wieder nach Hause.

Am Tag darauf holt Fritzis Mutter Fritzi morgens bei mir ab, damit ich nach Frankfurt fahren kann. Ich bin ihr sehr dankbar, dass sie nicht zur Arbeit geht und die kranke Fritzi übernimmt. Es kommen kaum Studierende zu meiner Veranstaltung. Für den Zusammenhang von Geschlecht und Erziehung scheinen sich nicht allzu viele zu interessieren. Ich fahre etwas enttäuscht nach Hause. Im Zug sitzen mir Clara und ihre Mutter gegenüber. Clara ist etwa fünf Jahre alt. Die beiden essen ein mitgebrachtes Brötchen und trinken Saft. Die Mutter ist sichtlich genervt davon, dass ihre Tochter sich ständig bekleckert. Clara, pass doch auf! Claras Mutter ist die kleine Saftpfütze auf dem Boden des Zuges sichtlich peinlich. Sie schaut verunsichert und entschuldigend die anderen Fahrgäste im Zug an. Außer mir interessiert sich aber niemand wirklich für das kleckernde Kind und die genervte Mutter. Ich lächle die beiden an, sie bemerken mich jedoch nicht. Als Claras Mutter sich bei Clara auch noch wegen der vielen Krümel beschwert, streckt Clara ihrer Mutter die Zunge raus. Der Gesichtsausdruck von Claras Mutter wechselt von genervt zu böse.

Das ist nicht schön, sagt sie streng. Pack sofort die Zunge wieder ein. Das machen nur böse Jungs. Mädchen machen so was nicht, erklärt sie ihrer Tochter wütend. Steck die Zunge rein, sonst kommt der Schneider mit der Schere, ergänzt sie. Bist du ein böser Junge?

Nein, antwortet Clara kleinlaut.

Clara beschäftigt sich schon längst wieder mit dem letzten Stück ihres Brötchens, da möchte ihre Mutter noch einmal sichergehen, dass ihre Tochter auch alles richtig verstanden hat. Noch einmal erklärt sie – diesmal in einem vermeintlich sachlichen Tonfall – wie das ist mit den Geschlechterrollen so ist: Zunge rausstrecken machen nur böse Jungs. Und du willst doch ein braves Mädchen sein, oder? Clara nickt.

Sorgerecht

Auf einer schlechten Party unterhalte ich mich mit Fionas Vater. Als er erfährt, dass ich auch Vater bin, klagt er mir sein Leid. Seine Ex-Freundin versuche ihm ihr gemeinsames Kind vorzuenthalten. Ich kenne diese Klagen von Vätern und höre nur mit halbem Ohr zu. Auf jeden Fall sei seine Ex-Freundin einfach bösartig, so wie eigentlich fast alle Frauen. Die wollen ja oftmals gar nicht, dass sich die Väter um ihre Kinder kümmern. Die wollen nur das Geld. Und überhaupt diese Frauen-Lobby in der Politik. Als Mann/Vater sei man in dieser Gesellschaft wirklich benachteiligt. Natürlich könne er sein Kind regelmäßig sehen, gesteht er mir auf Nachfrage. Das könne die Mutter ja gar nicht verhindern. Aber sie würde ihn dann immer so komisch anschauen. Und er habe dann das Gefühl, für irgendwelche längst überwundenen Ungerechtigkeiten bestraft zu werden. Sicherlich habe er sich am Anfang relativ wenig um das Kind gekümmert. Er habe ja aber auch eine schwierige Phase durchgemacht. Sei noch jung gewesen. Habe viel gefeiert. Und wenig Geld verdient. Dann noch Drogen. Habe sich deshalb ein-, zweimal doof verhalten. Nichts Schlimmes. Nun sei aber vieles anders. Einige Freunde von ihm hätten mittlerweile auch Kinder bekommen und da wolle er eigentlich sehr gerne auch mehr für sein Kind da sein. Er habe da auch so seine Bedenken, ob die Mutter immer die richtigen Entscheidungen treffe. Und weil es schließlich um sein Kind gehe und das ihm das Wichtigste auf der Welt sei, möchte er doch auch ein wenig mitreden. Das müsse ich doch verstehen, oder?

Grundsätzlich kann ich sein Bedürfnis, mitreden zu wollen, natürlich nachvollziehen. Auf eine weiterführende Diskussion habe ich trotzdem keine Lust. Ich verdrücke mich unauffällig nach Hause.

Ein paar Wochen später mache ich den Fehler, mich auf eine ganz ähnliche Diskussion einzulassen. Ich gehe mit Fritzi an einem Sonntag in ein Friedrichshainer Eltern-Kind-Café zum brunchen. Jakobs Eltern haben ein paar ihrer Freundinnen und Freunde mit Kindern dorthin eingeladen. Wir sitzen zusammen an einem großen Tisch, Fritzi sitzt auf meinem Schoß. Wir unterhalten uns über ein Buch, dass einer der Väter am Tisch kürzlich herausgebracht hat. Irgendwann erzähle ich auch von meinem Buchprojekt. Oh, das ist ja spannend, sagt eine Mutter. Dann weint eines der Kinder. Es entwickeln sich die typischen Kurzgespräche, die immer entstehen, wenn viele Eltern zusammensitzen. Immer dann, wenn es interessant wird, stößt sich ein Kind irgendwo den Kopf, ein anderes Kind weint, weil es an den Haaren gezogen wurde, oder ein Kind möchte genau das letzte Stück Gurke essen, das vorher minutenlang unangetastet am Buffet lag und nun von einem anderen Kind, natürlich heimtückisch und böswillig, (weg)genommen wurde.

Irgendwann sitze ich Daniels Vater gegenüber. Er habe vorhin mitbekommen, dass ich mit meiner Tochter alleine lebe und darüber ein Buch schreibe. Außerdem habe er aufgeschnappt, wie ich von Gleichberechtigung und Feminismus gesprochen habe. Sei es nicht eigentlich so, dass beim Thema Familie die Frauen die Fäden in der Hand hielten und Männer/Väter benachteiligt seien? Als ich sage, dass ich das etwas anders sehe, wird Daniels Vater sehr schnell sehr emotional. Mittlerweile dürften Frauen doch alles. Wir haben eine Frau als Bundeskanzlerin, einige einflussreiche Ministerinnen und auch in der Wirtschaft gebe es mehr und mehr Frauen in den Führungsetagen. Es gebe außerdem ein rechtliches Diskriminierungsverbot und deshalb seien alle formalen Ungerechtigkeiten doch längst abgeschafft. Und wenn es irgendwo doch eine Ungerechtigkeit geben würde, dann hätte jede Frau die Möglichkeit, dagegen zu klagen. Bei Männern sehe das jedoch anders aus, da gebe es Ungerechtigkeiten. Und das habe selbst der Europäische Gerichtshof für Menschenrechte zweifelsfrei festgestellt. Unverheiratete Väter dürften in Deutschland nicht weiter diskriminiert werden. Unverheirateten Vätern dürfe nicht weiter verweigert werden, ohne Einwilligung der Mutter einen Teil des Sorgerechts zu bekommen. Er könne seinen Sohn kaum sehen, weil dieser mit seiner Mutter in einer anderen Stadt wohne und er als Vater trotz jahrelangen Rechtsstreits kaum Möglichkeiten habe, daran etwas zu ändern. Deshalb sei er auch als einer der wenigen am Tisch ohne Kind hier. Ich kenne seine Geschichte nicht genauer und möchte auch nicht wagen, ein Urteil darüber zu fällen. Ich plädiere daher für eine etwas differenziertere Sichtweise, abseits seiner persönlichen Betroffenheit. Er hakt sofort ein. Die Ungerechtigkeit, die ihm widerfahre, müsse ich doch aber verstehen. Gerade ich. Weil ich doch auch Vater sei. Ich versichere ihm, dass ich es durchaus traurig finde, dass nach einer Trennung die Bedürfnisse und Wünsche aller beteiligten Konfliktparteien nicht gleichermaßen berücksichtigt werden könnten. Und dass gerade bei einem vor Gericht ausgetragenen Streit wahrscheinlich niemals eine absolut gerechte Regelung getroffen werden könne. Wenn eine Person dann so offensichtlich unzufrieden mit der getroffenen Regelung sei, könne das durchaus tragisch sein. Egal, wer davon betroffen sei. Egal ob Mutter oder Vater. Oder Kind. Ich versuche anschließend zu erklären, dass es immer erst einmal die Mutter ist, die die körperlichen Folgen zu tragen hat, wenn ein Kind geboren wird. Und auch nach der Geburt ist es in der überwiegenden Mehrzahl der Fälle die Mutter, die zu Hause bleibt und beruflich zurücksteckt. Die deshalb meistens in einer Phase, in der die beruflichen Weichen gestellt werden und durchschnittlich die meisten Beförderungen in den Unternehmen stattfinden, den Anschluss gegenüber ihren gleichaltrigen Kollegen verliert. Die deshalb irgendwann weniger Rente beziehen wird. Es ist fast immer die Mutter, die wie selbstverständlich die Hauptlast trägt, sobald ein Kind ins Spiel kommt. Und in unglaublich vielen Fällen trägt sie diese Hauptlast nur bedingt freiwillig. Oft trägt sie sie nur, weil Väter die wundervolle Möglichkeit haben, sich der Verantwortung zu entziehen. Beispielsweise indem sie sich so verhalten wie die Mehrzahl aller anderen Väter auch: indem sie eben weiter arbeiten gehen und keine zwölf Monate nach der Geburt zu Hause bleiben, um sich um das Baby zu kümmern, so wie die überwiegende Mehrzahl der Mütter.

Ich versuche Daniels Vater zu erklären, dass ich den Wunsch nach einer absolut gerechten und diskriminierungsfreien gesetzlichen Sorgerechtsregelung schwierig finde. Eine Aufteilung des Sorgerechts führt nicht automatisch zu einem größeren Engagement der Väter. Kein Gesetz der Welt kann einen Vater dazu zwingen, auch tatsächlich mindestens die Hälfte der Verantwortung für ein Kind zu übernehmen, also nach der Geburt zu Hause zu bleiben, in Elternzeit zu gehen und später seine Arbeitstermine abzusagen, wenn das Kind mal krank ist und deshalb nicht in die Kita kann. Solange es weiterhin gesellschaftliche Realität ist, dass die Hauptlast im Zweifel bei der Mutter hängen bleibt, kann ich einem Gesetz durchaus Positives abgewinnen, das diese Mutter nicht dazu zwingt, im Streitfall auch noch mit dem Vater aushandeln zu müssen, auf welche Schule das Kind denn nun gehen soll. Das Umgangsrecht eines Vaters mit seinem Kind besteht ja sowieso in jedem Fall und unabhängig von der individuellen Sorgerechtsregelung.

Wenig später wird eine Änderung der Sorgerechtsregelung diskutiert, die es Vätern einfacher ermöglicht, einen Teil des Sorgerechts auch ohne Zustimmung der Mutter zu bekommen. Ich weiß nicht, ob die neue Regelung für Daniels Vater akzeptabel erscheint. Meine Argumente lässt er in unserem Gespräch jedenfalls nicht gelten. Er habe sich nie etwas zu Schulden kommen lassen und immer regelmäßig gezahlt. Und nun müsse er diese Ungerechtigkeit in unserem Land erdulden. Ich könne überhaupt nicht verstehen, wie er sich fühle, sagt er sichtlich erregt.

Du bist also gegen die im Grundgesetz verankerte Gleichberechtigung von Männern und Frauen?, fragt er mich herausfordernd. Du bist also gegen die Menschenrechte? Gegen Gerechtigkeit? Gegen Demokratie?

Emotionen

Fritzi liegt im Bett. Ich liege auf meiner Couch. Alleine. Und sehe fern. Sonntagabend. Ich bekomme beim Fernsehen schnell Angst, gruselige Filme werden für mich zum zweifachen Horror. Einmal während des Schauens und schließlich, wenn alles dunkel ist, beim Einschlafen im Bett ein zweites Mal. Manchmal ist mir selbst der sonntägliche *Tatort* zu viel. Ich schalte um. Es läuft *Juno*. Während der Schwangerschaft haben Fritzis Mutter und ich uns den Film gemeinsam angesehen. Schon damals fand ich ihn rührend schön und ich weiß noch, wie begeistert Fritzis Mutter und ich von der Art und Weise waren, wie die junge Protagonistin mit ihrer Schwangerschaft umgeht, und von dem Selbstbewusstsein und der Entschlossenheit, mit der sie die Entscheidungen über ihre Zukunft trifft. Nun muss ich weinen. Alleine vor dem Fernseher.

Seit Fritzi auf der Welt ist, passiert mir das immer wieder. Völlig harmlose Bilder oder Geschichten führen plötzlich zu einem unerwarteten Emotionsschwall. Alle Mütterbücher, die ich in der letzten Zeit gelesen habe, berichten von solchen Tränen. In den Väterbüchern kommen sie nicht vor. Fritzi hat mein Gefühlsleben gehörig durcheinandergewirbelt. Ich bin nicht mehr nur alleine für mich verantwortlich, da ist ein Mensch in meinem Leben. Und dieser Mensch ist so verletzlich und so abhängig von meinem Verhalten und von meinen Entscheidungen und mir gleichzeitig so nah, dass mich das auf eine komische Art auch sehr verletzlich macht. Ich mache mir plötzlich Sorgen, die ich vorher nicht kannte. Während ich früher sorglos um die halbe Welt geflogen bin, überlege ich nun selbst vor einer kleinen Zugreise, ob ich vorher Fritzis Mutter sagen soll, wo die TANs für mein Online-Banking liegen. Ich habe völlig ungekannte Ängste. Manchmal habe ich die völlig abstrakte Angst, dass Fritzi etwas zustoßen könnte. Ich habe eine ebenso abstrakte Angst, dass mir etwas zustoßen und ich deshalb nicht weiter für Fritzi da sein könnte. In vielen Momenten versuche ich, diese Ängste einfach zu ignorieren. Manchmal treiben sie mir allerdings auch unvermeidlich und ohne Vorwarnung die Tränen in die Augen. Seit ich ein Kind habe, muss ich damit zurechtkommen, dass meine Emotionen hin und wieder verrücktspielen.

Am nächsten Tag bin ich nach der Kita im Görli verabredet. Erst mit einer Kollegin, danach will ich im gleichen Park zum Geburtstagsgrillen von Linda. Als ich in der Kita ankomme und Fritzi in die Arme schließe, steigt mir ein beißender Geruch in die Nase. Schnell auf den Wickeltisch. Zu spät. Die Kacke hat sich ihren Weg gesucht, zwischen Windelbündchen und Po hindurch. In ihre Hose. An der Seite entlang. Ins T-Shirt. Die Reinigungsaktion dauert etwas länger. Während ich Fritzi wieder anziehe, schreibe ich meiner ersten Verabredung, dass es etwas später wird. Ich nehme die vollgeschissenen Klamotten in einer Plastiktüte mit. Die Ersatzhose ist viel zu kurz, sie liegt wohl schon etwas länger in Fritzis Fach in der Kita. Weil Fritzi letzte Woche allerdings bereits in ein ähnliches Missgeschick verwickelt war und ich vergessen habe, eine neue Hose in ihr Fach zu legen, bleibt keine andere Wahl. Zum Glück ist es warm. Ich fühle mich dennoch den ganzen Nachmittag im Park ungewohnt unsicher. Ich habe Angst, keine gute Mutter zu sein, und fühle mich eher wie ein völlig unorganisierter Vater, der es nicht einmal schafft, seinem Kind passende Klamotten auszusuchen.

Ebenso oft, wie mich meine abstrakten Ängste heimsuchen, erlebe ich auch völlig absurde Momente des Glücks. Etwa eine Woche später: Fritzi und ich hatten ein wundervolles Wochenende zusammen. Wir haben uns gut verstanden. Und kaum gestritten. Beim Schlafengehen am Sonntagabend streicht mir Fritzi durch meine Haare. Deine Haare sind schön blau, sagt sie. Bei völliger Dunkelheit. Wie meine, fügt sie hinzu. Ob blond oder blau, egal. Ich muss vor Glück und Rührung weinen. Am nächsten Morgen bringe ich Fritzi in die Kita. Nachdem ich sie dort abgegeben habe, winkt sie mir noch glücklich vom Fenster aus zu. Ich winke glücklich zurück. Als ich um die Ecke bin, würde ich am liebsten mein Telefon aus der Hosentasche holen und Fritzi eine SMS schreiben: Das war ein wundervolles Wochenende mit dir. Wünsche dir einen schönen Kitatag. Bis heute Nachmittag. Kuss.

Elternabend in der Kita. Ein paar organisatorische Dinge werden besprochen, unter anderem werde ich als Elternvertreter wiedergewählt. Am Ende werden die Eltern gefragt, ob ihnen noch etwas auf dem Herzen liegt oder ob es noch irgendwelche Fragen gibt. Timons Mutter möchte wissen, welche Lieder gesungen werden, wenn ein Kind Geburtstag habe. Ihr Timon habe letztens zu Hause Happy Birthday gesungen und da habe sie sich gefragt, ob er das aus der Kita habe. Das fände sie dann nicht so schön. Schließlich seien wir ja in Deutschland, da könnten dann ja schließlich auch deutsche Geburtstagslieder gesungen werden. Es gebe doch so viele so schöne deutsche Lieder und die seien darüber hinaus auch noch künstlerisch und intellektuell wesentlich ansprechender. Einige Mütter und Väter stimmen zu. Zum Glück rollen auch einige der anderen mit den Augen. Ich bin fassungslos. Mal ganz abgesehen davon, dass die Happy-Birthday-Version, die Fritzi zu Hause singt, nicht wirklich als englisches Geburtstagslied durchgeht – schließlich wechselt der Text sofort nach der ersten Zeile ins Deutsche: Happy Birthday to you, Marmelade im Schuh, Aprikose in der Hose und Ketchup dazu. Die Erzieherinnen versichern, dass immer wieder auch andere Lieder gesungen werden. Sie stimmen kurz zwei Geburtstagslieder an. Anspruchsvolle deutsche Geburtstagslieder. Timons Mutter ist erleichtert. Ich hätte nichts dagegen, wenn die Kinder in der Kita englische Lieder singen, füge ich zum Abschluss der Diskussion hinzu. Länger auseinandersetzen möchte sich mit der Frage jedoch niemand mehr. Alle wollen schnell nach Hause.

Fritzi hat englische Kinderbücher und manchmal spreche ich auch Englisch mit ihr. Wenn Fritzi und ich Treppen laufen, zähle ich mit ihr die Stufen abwechselnd auf Deutsch und auf Englisch. An einem verregneten Sonntag schreibt mir Fritzis Mutter stolz, dass sie sich gerade mit Fritzi den Film *Wall-E* auf Englisch angeschaut habe, sie beide großen Spaß dabei gehabt hätten und Fritzi seitdem nun lachend durch die Wohnung laufe und nach Eve rufe, so wie der Roboter Wall-E, als er auf der Suche nach seiner Roboterfreundin ist.

In der darauffolgenden Woche wird Fabian drei Jahre alt. Er feiert Geburtstag, auch Fritzi ist eingeladen. Fritzis Mutter geht mit Fritzi zu Fabian. Sie hat einen neuen Job, mit anderen Arbeitszeiten. Dieses Mal hat sie bei der Jobsuche ganz bewusst darauf geachtet, flexibler zu sein, auch um mich etwas mehr mit Fritzi unterstützen zu können. Fabian bekommt von Fritzi ein kleines englisches Kinderbuch. Und Nagellack. Glitzernden Nagellack. Ich komme später zum Geburtstag hinzu und Fritzis Mutter verabschiedet sich in ihr freies Wochenende. Alle Geburtstagsgäste sind aus Fabians und Fritzis Kindergarten. Einige Mütter aus der Kita sind schwanger. Geschwisterkinder. Tim ist der erste, der einen Bruder bekommen hat. Arthurs Mutter ist schwanger. Lenas Mutter ist schwanger. Die Mutter von Iris. Und auch Fabians Mutter. Im Kindergarten werden deshalb gerade keine neuen Kinder gecastet, im kommenden Jahr können voraussichtlich alle frei werdenden Plätze mit Geschwisterkindern besetzt werden. Grundsätzlich ist es auch für mich vorstellbar, irgendwann ein weiteres Kind zu bekommen. In einer meiner vielen romantischen Zukunftsträumereien bekommt Fritzi noch ein oder zwei Geschwisterkinder. Und ich sitze dann irgendwann als Großvater zusammen mit meinen ganzen Kindern und Enkelkindern an einem großen Tisch. In der Realität ist mir Fritzi aber erst einmal genug.

An einem unserer gemeinsamen Nachmittage erzähle ich Yanniks Mutter von den ganzen Geschwisterkindern in unserer Kita. Und von meiner romantischen Vorstellung, irgendwann eventuell auch mehr als nur ein Kind zu haben, obwohl ich mir gerade überhaupt nicht vorstellen kann, zusätzlich zu Fritzi noch für ein kleines Baby sorgen zu müssen. Yanniks Mutter geht es ähnlich. Auch sie hat kein dringendes Bedürfnis nach einem weiteren Kind und ist mit Yannik alleine genug ausgelastet. Auch die Partnerin von Yanniks Mutter, die erst nach Yanniks Geburt in das Leben von Yannik und seiner Mutter getreten ist, hat momentan kein Interesse an einem Geschwisterkind. Muss ja auch nicht sein, auch noch den letzten Rest Freiheit und Spaß im Leben aufzugeben, sage ich. Wir lachen zusammen.

Nach der Geburt seines Bruders läuft Tim in der Kita stolz auf mich zu. Er will mir jedoch nicht seinen Bruder zeigen, sondern streckt mir seine Hände entgegen. Guck mal, ruft er. Er hat Nagellack auf seinen Fingernägeln. So wie ich hin und wieder. Ich bin begeistert. Ich sage ihm, wie cool das aussieht. Er lacht. Fabians Mutter ist nicht so begeistert, als Tim mit ausgestreckten Händen auch zu ihr läuft. Beim Kitaausflug ein paar Tage später erzählt mir Charlottes Mutter, dass sie gehört habe, dass der Nagellack für Fabian nicht so gut bei seiner Mutter angekommen sei.

Auch Arthurs Mutter ist zum Ausflug gekommen, ich sehe sie zum ersten Mal nach der Geburt von Arthurs Schwester wieder. Glückwunsch, sage ich. Aber ich habe gehört, dass die Geburt nicht so gut gelaufen ist? Arthurs und Gretas Mutter rollt mit den Augen. Oh ja, antwortet sie. Sie erzählt von ihrem Kaiserschnitt bei Arthurs Geburt. Und dass sie eigentlich nun bei Greta gerne eine natürliche Geburt gehabt hätte. Die Narbe ihrer ersten Geburt sei allerdings nach unzähligen Stunden mit schrecklichen Wehen und ohne Geburtsfortschritt aufgerissen, sodass Greta per Notkaiserschnitt geboren worden sei. Es gehe ihr aber nun, etwa zwei Wochen nach der Geburt, endlich wieder etwas besser. Und obwohl sie eigentlich drei oder vier Kinder hatte haben wollen, sei nun wahrscheinlich nach dem zweiten Schluss. So etwas möchte sie nicht noch einmal erleben. Ich erzähle ihr davon, dass ich mit Fritzis Mutter nach Fritzis Geburt auch beschlossen habe, dass wir auf keinen Fall ein weiteres Kind auf diese Art und Weise bekommen möchten und dass das nächste adoptiert würde. Wenn es überhaupt ein nächstes gebe. Das habe sie nicht gewusst, antwortet Arthurs und Gretas Mutter. Fritzis Mutter habe ihr noch vor Kurzem gesagt, dass es bei Fritzi nicht so schlimm gewesen sei. Ich erkläre ihr, dass Fritzis Mutter nur gegenüber Schwangeren nicht erzählt, wie schrecklich es wirklich war. Um nicht noch mehr Angst zu verbreiten. Arthurs und Gretas Mutter lacht. Das könne sie gut verstehen.

Kur

Ich hole einen Brief aus meinem Briefkasten. Das Wohnungsamt schreibt mir, mein Antrag auf Wohnungsgeld wurde endlich bewilligt. Ich bekomme eine Nachzahlung. Eine beachtliche Nachzahlung. Den Antrag habe ich vor genau 362 Tagen gestellt. Nun bekomme ich eine Nachzahlung für das komplette Jahr. Und darf nächste Woche schon wieder den Folgeantrag stellen. Ich habe das Wochenende frei. Trotzdem habe ich keine Zeit, abends auszugehen. Ich mache den neuen Wohngeldantrag fertig, Samstagvormittag helfe ich Robert beim Umzug, danach muss ich einkaufen, aufräumen, Wäsche waschen. Den Abend verbringe ich damit, mich für den nächsten Tag vorzubereiten. Am Sonntag leite ich ein Seminar und kann so etwas Geld verdienen. Nach dem Seminar treffe ich Robert und Jana auf der Straße. Die beiden fragen mich, ob ich Zeit habe, um mit ihnen zusammen etwas essen zu gehen. Leider nicht, antworte ich. Mein freies Wochenende ist vorbei, ich muss schnell nach Hause. Fritzis Mutter hat am Abend einen wichtigen Termin und ich muss Fritzi wieder übernehmen. Die beiden lachen. Sie lachen, weil ich mein Wochenende mit Umzug und Seminar als freies Wochenende bezeichne.

In der Woche darauf fahre ich mit Fritzi zur Kur. Den Antrag dafür habe ich vor einigen Monaten gestellt. Die Krankenkasse hat nicht ganz so lange dafür gebraucht wie das Wohnungsamt. Dennoch ist so viel Zeit vergangen, dass sich mein Leben heute anders anfühlt als noch vor etwas mehr als einem halben Jahr. Mir geht es gerade wesentlich besser als zu der Zeit, zu der ich angefangen habe, mich um eine Kur zu kümmern. Ich freue mich trotzdem auf drei Wochen an der Ostsee. Drei Wochen raus aus Berlin. Drei Wochen raus aus dem Alltag. Ich steige mit Fritzi in den Zug. Im Kinderwagenabteil des Regionalexpress sitzen uns Till und seine Mutter gegenüber. Till ist etwa zehn Jahre alt. Fritzi klettert auf den Sitzen. So warst du auch, als du klein warst, sagt Tills Mutter mehrfach zu Till. Nach etwa zwei Stunden Fahrt findet Fritzi ein Haargummi in ihrem Rucksack. Sie möchte, dass ich ihr einen Zopf mache. Mitten auf den Kopf. Über die Stirn. Als der Zopf fertig ist, bricht Tills Mutter in schallendes Gelächter aus. Du bist doch kein Mädchen, ruft sie Fritzi lachend zu. Doch, antworte ich. Sie ist ein Mädchen. Oh, das habe ich nicht gewusst, entschuldigt sie sich.

Umsteigen in Stralsund. In einem anderen Zug fahren wir die letzte Stunde bis zu unserem Kurort. In der Kurklinik treffen wir Till und seine Mutter wieder. Tills Mutter lacht, als sie uns wiedersieht. Und schüttelt den Kopf. Als könne sie noch nicht ganz glauben, dass Fritzi ein Mädchen ist.

Neben mir sind noch zwei andere Väter in Kur. Zwei Väter. Und 120 Mütter. Einer der beiden Väter ist schon zwei Wochen hier, als wir ankommen. Er reist ab, bevor ich ihn näher kennenlernen kann. Der andere Vater ist für denselben Zeitraum angereist wie ich. Er ist über 50 und mit seinem neun Jahre alten Sohn hier. Seine Frau ist mit den beiden anderen Kindern zu Hause geblieben. An den ersten Tagen sind zusätzlich noch ein paar andere Väter im Haus. Sie haben ihre Frauen und Kinder hergebracht und tragen ein rotes Schild an der Kleidung, das sie als zeitweilige Besucher ausweist und sie zum Essen im Klinikrestaurant berechtigt. Nach ein oder zwei Tagen fahren sie wieder weg, die Frauen und Kinder bleiben.

An unserem ersten Morgen bringe ich Fritzi in die Kita der Klinik. Als wir zur Tür hineinkommen, fragt die Erzieherin, die sich mir als Steffi vorstellt, Fritzi: Bist du Jasper? Fritzi ist schüchtern und versteckt sich hinter mir.

Nein, das ist Fritzi, sage ich.

Oh, das tut mir leid. Ich dachte erst, sie sei ein Junge, entschuldigt sie sich.

Im Zeitplan der Klinik ist eine Dreiviertelstunde Eingewöhnung eingeplant. Fritzi weint, als ich mich verabschiede. Ich gehe trotzdem. Obwohl ich unsicher bin. Und den Tränen nahe. Ich weiß nicht, ob ich Fritzi hier überfordere, alleine mit Kindern und Erzieherinnen, die sie noch nie vorher gesehen hat. Ich will sie aber auch nicht direkt nach meinen Aufnahmeuntersuchungen wieder abholen. Schließlich möchte und soll ich mich ja auch etwas erholen. Als ich Fritzi am Nachmittag wieder abhole, sitzt sie fröhlich am Tisch und malt. Sie kann sich kaum losreißen und möchte erst nicht mit mir mitkommen. Ich frage Steffi, wie der Tag war. Sie antwortet mir, dass mit Fritzi alles gut geklappt hat.

Fritzi fehlt eigentlich nur das kurze Ende, sagt sie zu mir.

Ich verstehe sie nicht. Wie bitte?

Fritzi fehlt nur das kurze Ende, wiederholt sie.

Ich verstehe immer noch nicht und schaue Steffi fragend an.

Sie ist wie ein Junge, es fehlt ihr nur das kurze Ende.

Jetzt verstehe ich. Fritzi muss die nächsten drei Wochen in dieser Kita verbringen. Deshalb lache ich aus Höflichkeit kurz mit.

Die andere der beiden Erzieherinnen in der Kitagruppe wird im Laufe der nächsten Tage und Wochen zu Fritzis Lieblingserzieherin in der Kur. Das morgendliche Verabschieden funktioniert mal besser und mal schlechter. Beim Einschlafen erzählt mir Fritzi hin und wieder, dass sie mich tagsüber vermisst hat. Ich tröste sie so gut es geht. Auch ich fühle mich mal besser und mal schlechter damit, sie hier in der Kita zu lassen. Ich schiebe diese Gedanken weg und versuche, mich so gut es geht auf die Kur einzulassen.

Es dauert etwas, bis ich von den Müttern als vollwertiger Kurgast akzeptiert werde. Ich habe den Eindruck, in den ersten Tagen mit einem gewissen Argwohn beobachtet zu werden. Als jedoch klar ist, dass ich alleine mit meinem Kind hier bin – so wie alle andern Mütter auch –, und als klar ist, dass ich mir nicht zu schade bin, jeden Quatsch mitzumachen, bin ich akzeptiert. Und ich mache wirklich jeden Quatsch mit: Aquafitness. Zu 90er-Jahre-Eurodance hüpfe ich zusammen mit etwa sieben bis acht anderen Müttern durch das Klinikschwimmbad. Morgens gehe ich mit den anderen Müttern unter Anleitung eines Physiotherapeuten zur Kneipp-Therapie in die Ostsee. Wir waten zusammen durch das kalte Wasser und stehen danach am Strand im Kreis, um uns in der Morgensonne mit gymnastischen Übungen wieder aufzuwärmen. Und ich walke durch den Wald. Walking. Kein Nordic-Walking. Ich bin in der Gruppe ohne Stöcke. Die Arme werden dennoch auf ähnliche Art und Weise geschwungen, sodass es bestimmt ein großer Spaß ist, uns zuzuschauen. Wie es so ist, als einziger Vater unter so vielen Müttern, fragt mich die Mutter von Marie und Lena in unserer zweiten Kurwoche. Eigentlich fällt es mir schon gar nicht mehr auf, antworte ich. In manchen Momenten fühle ich mich wie eine Mutter unter vielen.

Am Abend sitze ich zusammen mit anderen Müttern im Foyer. Valentins Mutter fragt mich, was ich am nächsten Tag vorhabe. Ich muss dringend Wäsche waschen, antworte ich. Ihr Mann komme am Wochenende zu Besuch, dem gebe sie ihre gesamte Dreckwäsche mit. Hier in der Klinik müsse sie deshalb nicht waschen. Als sie merkt, dass ich nun wahrscheinlich denke, ihr Mann wasche während ihrer Kur die dreckige Wäsche, fügt sie schnell noch hinzu, dass er die Wäsche natürlich an ihre Mutter weitergebe, damit diese sie waschen könne.

Fritzi schließt im Laufe unserer Kur viele neue Freundschaften. Besonders gut versteht sie sich mit Jan, Valentin und Till – alle drei im Alter zwischen acht und zehn Jahren. Jans Mutter erzählt mir, dass bei ihnen in der Nachbarschaft auch eine Familie mit einer Tochter wohne, die im ähnlichen Alter sei wie Fritzi. Sie frage ihren Sohn immer, ob er nicht einmal mit Merle spielen möchte. Der antworte jedoch immer nur: Nein, das ist doch ein Mädchen. Und nun spiele er die ganze Zeit mit Fritzi.

Es werden zwei wundervoll erholsame Wochen. Danach haben wir genug. An einem Nachmittag sitze ich zusammen mit Fritzi in der Cafeteria. Wir essen ein Stück Kuchen. Vom Nachbartisch zeigt ein etwa sechsjähriges Kind auf uns. Vielleicht ist die Mutter gestorben, vermutet es.

Ich gehe mit Fritzi auf den Spielplatz. Nachdem ich eine halbe Stunde mit ihr gespielt habe, möchte ich mich für einen Moment auf eine Bank in der Sonne setzen. Fritzi ist damit nicht einverstanden. Sie schreit: Mama! Mama! Ich erkläre ihr, dass ich ein wenig sitzen möchte. Fritzi weint. Und schreit lauter: Mama! Ich bleibe sitzen. Eric kommt zu mir. Er ist etwa acht Jahre alt und auch Kurgast. Wo ist Fritzis Mama?, fragt er mich. Ich erkläre ihm, dass Fritzi nach mir ruft und dass ihre Mama zu Hause geblieben ist. Eric versteht nicht ganz und schaut mich fragend an. Fritzi möchte zu seiner Mama. Wo ist seine Mama?, fragt er mich noch einmal. Im Nachhinein ärgere ich mich über mich selbst, dass ausgerechnet ein achtjähriger Junge meine ganze Frustration darüber zu spüren bekommt, dass unsere Geschlechter hier eine besonders große Rolle spielen. Nicht, dass wir solche Situationen nicht auch schon aus Berlin kennen würden – aber hier vergeht kaum ein Tag, an dem wir uns nicht erklären müssen.

Fritzi ruft nach mir. Ich bin ihre Mama, antworte ich etwas schroff und sehe, dass ich ihn damit reichlich verwirre.

Nein?!, sagt er zögerlich fragend und schaut mich dabei an, um in meinem Gesicht Anzeichen dafür zu entdecken, dass ich ihm einen Streich gespielt habe.

Doch!, antworte ich bestimmt. Etwas verstört versucht er, sich wieder aufs Klettergerüst zu konzentrieren.

Wir wollen nach Hause. Wir bekommen beide eine Erkältung und schleppen uns durch die dritte und letzte Kurwoche. Wieder in Berlin umarmt mich Fritzi zum Einschlafen und sagt: Schön, dass wir wieder zu Hause sind.

Prinzessin

Fritzi und ich sind mal wieder zu einem Kindergeburtstag eingeladen. Auch Arthur wird drei Jahre alt. Zum Abschluss des Nachmittags gibt es für alle Kinder kleine Geschenke, jedes Kind bekommt ein kleines Tütchen. Die Tütchen haben verschiedenfarbige Schleifen. Rosa und Blau. Arthurs Mutter erklärt Fritzi und mir, dass der Inhalt jeweils fast gleich ist. Tim steht mit seiner Mutter neben uns. Nur die Tattoos sind verschieden, erzählt Arthurs Mutter weiter. Es gibt Mädchentattoos und Jungstattoos. Fritzi bekommt ein Tütchen mit einer rosa Schleife, Tim ein Tütchen mit einer blauen Schleife. Tims Mutter schlägt vor, dass Tim und Fritzi ihre Tütchen doch tauschen könnten. Sie tätowiere Tim lieber eine Prinzessin oder eine Fee auf den Arm als eine Piratenflagge. Ich finde die Idee gut. Die Kinder leider nicht. Die Tattoos haben beide noch nicht entdeckt, und die verschiedenfarbigen Schleifen interessieren sie auch nicht wirklich. Aber etwas hergeben, was sie gerade geschenkt bekommen haben, erscheint ihnen in diesem Moment zu riskant. Also bleibt es bei der ursprünglichen Verteilung. Auf dem Weg nach Hause greife ich in einem unbeobachteten Moment in das Tütchen, finde eine rosa Prinzessin, entsorge sie schnell und bin ganz begeistert von Tims Mutter.

In meinem Briefkasten liegt eine Postkarte. Von Fritzis Mutter. Sie schreibt, dass sie sich freut, dass wir uns wieder etwas besser verstehen. Sie bedankt sich dafür, dass ich mich so viel um Fritzi kümmere und sie deshalb so viele Möglichkeiten habe, ihr Leben zu gestalten. Sie schreibt auch, dass sie sich manchmal wünscht, dass ich wieder ihre Prinzessin werde.

Das darauffolgende Wochenende verbringen wir zusammen. Wir haben eine schöne Zeit zu dritt, Sonntagabend schläft Fritzis Mutter bei mir. Am nächsten Morgen weint Fritzi, als ich sie in die Kita bringe. Das Wochenende zusammen war so schön, dass sie nicht in die Kita möchte. Natürlich weiß sie genauso wenig wie ich, ob oder wie das mit ihrer Mutter und mir weitergeht.

Am Nachmittag packen wir zusammen ein großes Paket aus, ich habe mir Einzelteile für einen Computer bestellt. Ich habe noch nie zuvor einen Computer selbst zusammengebaut, aber mit Hilfe von diversen Anleitungen in Form von verschiedenen YouTube-Videos klappt alles gut. Fritzi hilft mir, indem sie die Schrauben sortiert und mit der Luftpolsterverpackung spielt. Als der Computer läuft, sind wir zusammen stolz, dass wir ihn selbst zusammengebaut haben.

Ein paar Tage später gehen Fritzis Mutter und ich gemeinsam in die Kita zum Entwicklungsgespräch. Fritzi wird bald drei Jahre alt, sie kommt dann zu den Großen in die Gruppe und das Gespräch ist gleichzeitig so etwas wie ein Abschlussgespräch von Fritzis Zeit bei den Kleinen. Mareike, die seit etwa einem halben Jahr Fritzis neue Bezugserzieherin ist, erzählt uns ein wenig über Fritzi. Sie erzählt uns was Fritzi am liebsten spielt, mit wem sie am häufigsten spielt. Und wie sie sich in der Gruppe verhält. Gegen Ende des Gesprächs fragt uns Mareike um Rat. Ihr sei aufgefallen, dass Fritzi in letzter Zeit häufiger sage, sie sei ein Junge. Und habe einen Penis. Sie sage ihr dann manchmal, dass sie doch aber ein Mädchen sei, und würde nun gerne wissen, wie wir damit umgehen. Ich sage, dass ich Fritzi in solchen Situationen nicht korrigiere. Genauso wenig wie ich sie korrigiere, wenn sie sagt, sie sei eine Bauarbeiterin oder ein Kapitän.

Von mir aus darf sie Bauarbeiterin und Bauarbeiter, Kapitänin und Kapitän, Spiderwoman und Spiderman, Junge oder Mädchen sein. Fritzi schaut gerne anderen Kindern dabei zu, wie sie gewickelt werden. Als ich vor einigen Wochen in die Kita kam, um sie abzuholen, hockte sie gerade neben Timon auf dem Wickeltisch und rief mir zu: Schau mal, Mami, ein kleiner Penis! Fritzi weiß, wie die Jungs in der Kita aussehen. Sie weiß, wie die Mädchen in der Kita aussehen. Und sie weiß, wie sie selbst aussieht. Ich glaube nicht, dass sie darüber hinaus täglich gesagt bekommen muss, dass sie nun aber auch wirklich ein Mädchen sei. Ich freue mich, wenn Fritzi möglichst viele Lebensmodelle, Identitäten und damit zusammenhängende Kombinationen aus Geschlechtszuschreibung, Interessen,

Beruf und sexueller Orientierung kennenlernt und nachspielt. Ich versuche, ihr eine möglichst breite Palette an möglichen Facetten anzubieten. Ich lackiere mir die Fingernägel. Ich koche und backe mit ihr. Baue mit ihr einen Computer zusammen oder spiele mit ihr Fußball. Dabei spiele ich ihr das nicht nur vor. All das ist auch Teil meiner Identität. Ich lackiere mir gerne die Fingernägel. Ich koche und backe gerne, ich baue gerne einen Computer zusammen und spiele auch mal gerne Fußball. Genauso wird Fritzi irgendwann mitbekommen, dass sie zwar aus einer Heterobeziehung hervorgegangen ist, dass ihr Vater in seiner Vergangenheit aber auch schon Beziehungen mit Jungs geführt hat und das auch für die Zukunft nicht grundsätzlich ausgeschlossen ist. Am Ende soll sich Fritzi aus allen Möglichkeiten das raussuchen, was ihr am meisten Spaß macht, und sie soll die Identitäten auswählen, mit denen sie sich am wohlsten fühlt.

Zum Abschluss des Gesprächs sagt Mareike noch, dass Fritzi viel von uns erzähle und alle Erzieherinnen manchmal etwas verwirrt seien. Ihr wohnt nicht zusammen, oder?, fragt sie uns. Richtig. Und ihr seid auch nicht zusammen, oder? Keine Ahnung. Fritzis Mutter und ich lachen uns an.

Am Nachmittag gehe ich mit Fritzi Fußball spielen. Auf den Fußballplatz neben dem Spielplatz. Wir haben großen Spaß, bis eine Gruppe von etwas älteren Kindern auch auf dem Fußballplatz spielen möchte. Fritzi hat Angst vor dem fest geschossenen harten Ball und möchte lieber wieder zurück auf den Spielplatz. Und meine gute Laune geht beim Anblick des T-Shirts eines etwa zehnjährigen Jungen verloren. Auf dem T-Shirt steht: »Anything girls can do boys can do better.« Ich fühle mich plötzlich einfach nur noch ohnmächtig mit meinen bescheidenen Bemühungen gegenüber dem ganz alltäglichen Geschlechterzuschreibungsterror.

Schnuller

Ich gehe mit Fritzi auf den Markt. Dort begegnen wir Lena und ihren Eltern. Mit Lenas Vater war ich eine Zeitlang abends hin und wieder feiern, seit Längerem haben wir uns aber aus den Augen verloren. Wir unterhalten uns über unsere Kinder. Lena ist noch ein Baby und liegt im Kinderwagen. Fritzi klettert. Lenas Vater geht los, um Kaffee für uns alle zu holen, und ich sitze mit Lenas Mutter am Rand des Spielplatzes. Wir sind uns vorher noch nie begegnet. Als ich ein wenig davon erzähle, wie wir leben, erkennt sie in mir schnell jemanden, mit dem sie über ihre Überforderung reden kann. Sie erzählt, wie anstrengend das alles mit Lena ist. Und dass sie gerne mal nur einen einzigen Tag ohne dieses Kind verbringen würde. Einen einzigen Tag. Um durchzuschlafen. Und auszuschlafen. Um sich zu erholen. Und um neue Kraft zu sammeln. Dann kommt Lenas Vater mit dem Kaffee zurück.

Wenig später treffen wir auf dem Spielplatz Pauline mit ihren Eltern. Paulines Vater kenne ich noch aus meinem ersten Studium. Als Pauline geboren wurde, hatte ich gehofft, dass wir vielleicht wieder etwas mehr Kontakt haben würden. Bis auf gelegentliche zufällige Treffen auf dem Spielplatz kam es aber nicht dazu. Nun erzählt mir Paulines Vater, dass Paulines Mutter wieder schwanger sei. Ihr seid doch verrückt, sage ich. Und lache. Paulines Vater lacht mit. Ja, du hast Recht, antwortet er. Dieses Mal soll aber alles anders laufen. Wenn Paulines Geschwisterkind auf der Welt sei, werde er ein ganzes Jahr in Elternzeit gehen. Nicht nur zwei Monate wie bei Pauline. Ich bin begeistert. Und sehr gespannt, wie es für ihn wird. Vielleicht haben wir dann ja auch wieder etwas mehr Kontakt.

In den folgenden drei Wochen ist Fritzi häufiger bei ihrer Mutter. Ich versuche in der Zeit etwas mehr für mein Studium hinzubekommen und Liegengebliebenes abzuarbeiten. Dass sich Fritzis Mutter diese Zeit nimmt, um mir damit mehr Freiheiten zu ermöglichen, ist Teil unseres neuen Aushandlungsprozesses. Teil unserer Suche nach Möglichkeiten, gemeinschaftlich und gleichberechtigt Familie zu sein. Für einen begrenzten Zeitraum habe ich Fritzi an einem Tag unter der Woche und an zwei von den drei Wochenenden. Als ich an einem der Tage unter der Woche in der Kita auftauche, werde ich von einigen Müttern gefragt, wo ich denn sei. Und was ich so mache. Und warum sich Fritzis Mutter plötzlich so viel mehr kümmere. Ich erzähle davon, dass ich mich mit Fritzis Mutter wieder etwas besser verstehe. Und dass sich dadurch ungeahnte Möglichkeiten auftun, unser Leben zu organisieren. Ich erzähle auch von dem neuen Job von Fritzis Mutter. Und davon, dass es mir gerade sehr gut damit geht.

Am Ende der drei Wochen treffen Fritzis Mutter und ich uns. Wir überlegen zusammen, was demnächst ansteht. Es ist nicht mehr lange bis zu Fritzis drittem Geburtstag. Zusammen beschließen wir, dass ein dritter Geburtstag ein guter Anlass sein könnte, um Fritzi den Schnuller abzugewöhnen. Irgendwo habe ich gelesen, dass es zu schlimmen Fehlstellungen der Zähne kommen kann, wenn ein Kind zu lange am Schnuller nuckelt. Es werde empfohlen, Kindern den Schnuller mit eineinhalb Jahren abzugewöhnen. Wie bei so vielen Themen rund um Babys, Kinder und Erziehung lassen sich auch zu diesem Thema Tausend Meinungen in Tausend Ratgebern und Internetforen finden. Ich beschließe, einfach ganz auf mein Bauchgefühl zu vertrauen. Für Fritzi war der Schnuller in den letzten Jahren ein gut funktionierendes Hilfsmittel, um sich selbst zu beruhigen und einzuschlafen. Nun habe ich aber das Gefühl, dass sie den Schnuller nicht mehr so dringend braucht. Also können wir versuchen, ihn ganz wegzulassen. Etwa drei Wochen vor Fritzis Geburtstag fangen wir an, ihr immer wieder zu erzählen, dass sie bald ganz schön groß sei. Und deshalb dann nach ihrem Geburtstag auch keinen Schnuller mehr brauche.

Wir veranstalten keinen Kindergeburtstag. Yannik ist mit seiner Mutter im Urlaub. Und Julian, momentan Fritzis bester Freund in der Kita, ist an dem Tag mit seinen Eltern auch nicht in Berlin. Ich habe außerdem keine Lust darauf, so viel vorzubereiten. Wahrscheinlich ist es das letzte Jahr, in dem ich mir das erlauben kann und in dem Fritzi das zumindest halbwegs akzeptiert.

Kurz vor ihrem Geburtstag möchte Fritzi zum ersten Mal aus eigenem Antrieb auf die Toilette. Ich setze sie auf ihren Toilettensitz. Da kommt was, sagt sie stolz. Und: High five. Sie hält ihre Hand hoch. Ich schlage ein. Ich muss lachen. High five hat sie nicht von mir. Ohne Windel möchte sie trotzdem noch nicht herumlaufen. Jetzt ist aber auch erst einmal der Schnuller dran, die Windeln sind dann das nächste Projekt. Wenn es erst einmal Sommer wird, wird das vielleicht auch etwas einfacher. Denke ich.

Fritzi feiert ihren Geburtstag in der Kita. Am Nachmittag hole ich sie ab und fahre mit ihr nach Hause. Dort essen wir zu dritt Kuchen. Fritzi, Fritzis Mutter und ich. Wir haben einen tollen Nachmittag zusammen. Am Abend lege ich Fritzi dann zum ersten Mal ohne Schnuller ins Bett. Sie weint. Und möchte ihren Schnuller haben. Ich erkläre ihr, dass sie jetzt schon ganz schön groß sei und sie deshalb nun keinen Schnuller mehr bekomme. Fritzi weint weiter. Ich umarme sie und versuche sie zu trösten. Ich will nicht groß sein, sagt sie. Sie weint noch etwa fünf Minuten in meinem Arm. Unter Tränen unterhalten wir uns dabei übers Großwerden und Großsein. Ich erkläre ihr, wie toll ich es finde, dass sie schon so groß ist. Wie toll es ist, dass sie kein Baby mehr ist. Wie toll es ist, dass sie schon so viel kann. Und wie toll es ist, dass wir schon so gut miteinander reden können. Sie beruhigt sich. Ich gehe aus ihrem Zimmer und setze mich neben Fritzis Mutter auf die Couch. Sie hat alles mit angehört, nimmt mich in den Arm und sagt mir, wie cool sie es findet, dass ich das so durchziehe. Und dass sie es ganz toll findet, wie ich das mit Fritzi alles schaffe. Es ist wundervoll, das zu hören. Nun kommen mir die Tränen. Ich will manchmal auch nicht groß sein, sage ich.

Zukunft

Ich komme nachts leicht angetrunken nach Hause. Fritzi ist bei ihrer Mutter. Ich lege mich in mein Bett. Fritzis Decke und ihr Kuschelpinguin liegen neben mir, weil sie damit am Morgen zu mir ins Bett gerannt kam. Ich muss lachen. In diesem Moment bin ich glücklich.

Oft muss ich daran denken, dass die Aufgabe, ein Kind großzuziehen, für eine Person alleine eigentlich viel zu groß ist. Auch für zwei Personen ist sie noch zu groß. Besonders, wenn diese beiden Personen sich auch noch irgendwie um ihre Zweierbeziehung kümmern müssen. Eigentlich müssten noch mehr Menschen sich zusammen dafür entscheiden, Elternverantwortung zu übernehmen. In diesem Moment in dieser Nacht bin ich glücklich, dass ich die Möglichkeit habe, zumindest hin und wieder ohne Kind einen Abend zu verbringen, mit Freundinnen und Freunden zusammenzusitzen, ein oder zwei Bier zu trinken und am Morgen danach auszuschlafen. Und ich bin glücklich, weil ich mit dem tollsten Kind der Welt zusammenlebe. Es ist ganz schön unglaublich, dass ich dieses Kind so sehr liebe. Ich bin glücklich über meine Entscheidung für mein Leben mit Fritzi. Für mein Abenteuer mit Fritzi. Für meinen Alltag mit Fritzi. Die Entscheidung hat mein Leben gehörig über den Haufen geworfen. Mehr als ich mir das jemals vorher gedacht hätte. Nun bin ich glücklich darüber, dass ich es mit diesem Kind schon so weit geschafft habe.

Ich lebe ein Leben, das sich viele Menschen wünschen würden. Viele Menschen wünschen sich Kinder. Und irgendeine Art von Familie. Diesem Wunsch stehen allerdings in einer nicht unerheblichen Anzahl von Fällen irgendwelche sozialen, körperlichen oder rechtlichen Hindernisse entgegen. Manchmal fehlt zu dem Wunsch die richtige Partnerin oder der richtige Partner, mal lassen medizinische Indikatoren eine Erfüllung des Wunschs nicht zu, manchmal hat die Partnerin oder der Partner einfach nur das »falsche« Geschlecht und deshalb verweigert der Staat dem Paar die Möglichkeit, ein Kind zu adoptieren.

Vorstellbar sind natürlich auch Väter, die zwar ein Kind und eine Familie haben, damit allerdings auch nicht glücklich sind, weil sie sich gerne trauen würden, mehr Zeit für die eigenen Kinder zu investieren und stärker in ihren Familien eingebunden zu sein. Andererseits haben viele Menschen mit Kind und Familie – vor allem Mütter – nicht die Freiheiten, die ich habe. Kinder und Familie zu haben bedeutet nicht zwangsläufig, glücklich zu sein.

So liege ich im Bett und bewundere mein Glück. Und denke nach über das, was alles noch kommen wird. Die letzten drei Jahre mit Fritzi sind in der Rückschau einerseits mit einer irren Geschwindigkeit vorbeigeflogen, andererseits erinnere ich mich auch an Tage, die einfach nicht enden wollten, und an endlose Abfolgen von Tagen ohne Abwechslung. Seit drei Jahren lebe ich mit meinem Kind zusammen. Und es kommen hoffentlich noch viele weitere Jahre hinzu. Bis Fritzi auszieht, vielleicht in etwa 15 Jahren? Und auch wenn diese Zeitspanne überhaupt nicht zu überblicken ist, werde ich, wenn Fritzi dann auszieht und sich in die große, weite Welt begibt, bestimmt wieder daran denken, wie schnell die Zeit verflogen ist. Es wird wieder Momente geben, in denen ich glücklich bin. Ich werde weiterhin überfordert sein. Manchmal frustriert. Es wird – wie bisher – bessere Tage geben. Und schlechtere. Irgendwas ist ja immer. Und ich werde immer weiter auf der Suche sein nach einem Leben zwischen eigenem Glück, Familienalltag und Verantwortung für das Kind. Ich werde weiterhin Entscheidungen für mein Leben treffen. Und für das von Fritzi. Wir haben keinen Plan für die nächsten 15 Jahre. Ich habe keinen Plan für die nächsten 15 Jahre. Ich habe nicht einmal einen konkreten Plan für das nächste Jahr.

Fritzi wird irgendwann demnächst ohne Windel durchs Leben gehen. Sie wird in der Kita in die Gruppe der Großen kommen und ihren ersten Urlaub bei ihren Großeltern machen. Fritzi wird sich mit mir vor dem Einschlafen im Bett über die Mondlandung unterhalten. Und überhaupt immer mehr mit mir reden. Ob ich mein Studium noch schaffe, weiß ich schon nicht mehr. Ich werde mich irgendwann in nicht allzu ferner Zeit wieder etwas mehr um meine berufliche Zukunft kümmern müssen. Ich werde mit Fritzis Mutter diskutieren und Vereinbarungen treffen. Und diese Vereinbarungen wieder überarbeiten. Ich werde mich vielleicht wieder in Fritzis Mutter verlieben. Und mich sicherlich immer wieder mit ihr streiten. Es werden neue Menschen hinzukommen. Und andere werden aus unserem Leben verschwinden.

Mein Leben mit Fritzi. Fritzi und ich. Ein riesiges Abenteuer. Und ganz viel Alltag. Wenn ich groß bin, möchte ich mir Fritzi schnappen und dann fliegen wir zusammen in die USA. Dort kaufen wir uns ein Wohnmobil und reisen drei Monate lang von der einen Küste an die andere. In manch romantischer Vorstellung heirate ich Fritzis Mutter, wenn sie uns auf unserem Trip durch die USA in Las Vegas für zwei oder drei Wochen besuchen kommt. Ehegattensplitting und so. Und zur Adoption eines weiteren Kindes müssen wir ja verheiratet sein. Vielleicht werde ich mit diesem Buch ja reich und berühmt. Dann machen wir das. Machen wir das?, frage ich Fritzi. Ja, antwortet sie. High five.